理工科基础汉语

主　编　商　拓

副主编　王海玲　张　洁

参　编　高　岚　栾　慧　陈小鸥

陈晓红　管　锐

西南交通大学出版社

·成都·

图书在版编目（CIP）数据

理工科基础汉语 / 商拓主编. —成都：西南交通大学出版社，2018.8
ISBN 978-7-5643-6315-4

Ⅰ. ①理… Ⅱ. ①商… Ⅲ. ①汉语－对外汉语教学－教材 Ⅳ. ①H195.4

中国版本图书馆 CIP 数据核字（2018）第 177350 号

理工科基础汉语

主编 商 拓

责任编辑	赵玉婷
助理编辑	罗俊亮
封面设计	严春艳
出版发行	西南交通大学出版社 （四川省成都市二环路北一段 111 号 西南交通大学创新大厦 21 楼）
发行部电话	028-87600564 028-87600533
邮政编码	610031
网址	http://www.xnjdcbs.com
印刷	四川煤田地质制图印刷厂
成品尺寸	170 mm × 230 mm
印张	11.5
字数	155 千
版次	2018 年 8 月第 1 版
印次	2018 年 8 月第 1 次
书号	ISBN 978-7-5643-6315-4
定价	42.00 元

前 言
Preface

《理工科基础汉语》共 12 个单元，其中数学篇、物理篇分别含 5 个单元，化学篇含 2 个单元。每个单元包括主课文 1 篇（约 500 字）、副课文 1 篇（约 500 字）、拓展阅读课文 2 篇。数学篇主、副课文后分别附有生词、练习题，物理篇和化学篇在副课文（第二篇课文）后附有练习题。练习题题型大约有 5 种，即根据拼音写词语、判断正误、根据课文内容填空（专业术语）、根据课文内容重组句子（以专业术语为主）、根据课文内容回答问题等。

拓展阅读课文第一篇约 700 字，全文标注拼音，对本课文的生词教材不加以注释，鼓励学习者课前查阅字典、词典预习。课后附有问答题，主要考察学习者对短文的理解程度。第二篇约 1 000 字，全文标注拼音，供任课教师和学习者灵活处理。每一个单元的“拓展阅读课文”都是与本单元内容相关的汉语科普读物，以此形成系列，突出主题。

本教材是为在华攻读理工科学位的母语非汉语学习者编写的，目的是将预科阶段的汉语学习与日后的专业学习衔接起来，使其能够在预科阶段接触到专业词汇、专业语体及专业基础知识。本教材适用于汉语水平达到 HSK 三级，掌握了 600 个及以上汉语基础词汇的学习者使用。

本教材编写的原则是兼顾通用汉语和专业汉语的词汇、表达方式等特点，用浅显生动的汉语介绍专业基础知识，专业词汇量尽量控制在合理范围内，每篇课文生词控制在 15 ~ 20 个。

2017 年 6 月中旬，我们在已学习 3 个月通用汉语的学生中试用了本教材的几个单元，学生称教材难度适中，对他们将来进入专业学习很有帮助。

出于教学需要，本教材的编写选用了部分专家、学者的文章，但由于时间仓促，部分文章未能与原作者取得联系，在此，我们致以诚挚的谢意！

由于编者水平有限，书中不免有疏漏不当之处，还请各位专家批评指正。有任何建议，都欢迎与我们联系。

编　者

2018 年 3 月

目 录
Contents

数学篇

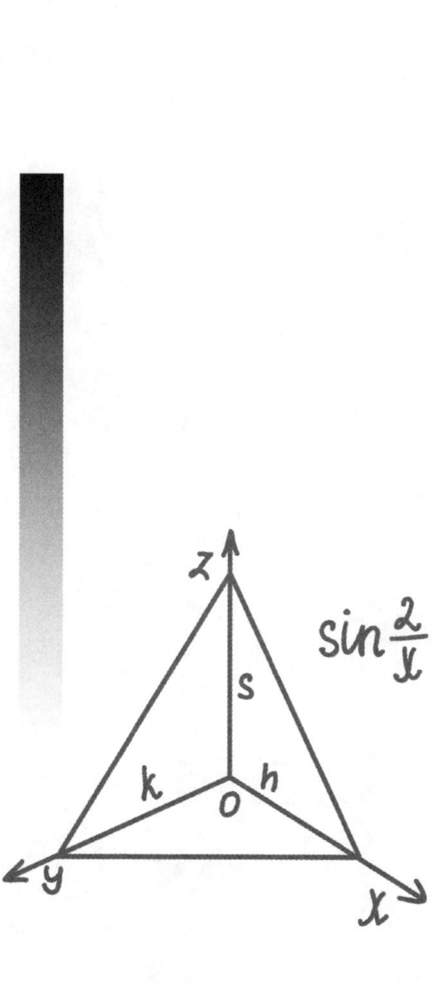

第一单元

课文一　什么是数学？

“**数学**”这个词源自希腊语（Greek），原意为“已经学会或被理解的东西”或“已经**获得**的知识”，或者是“可以获得的东西”“可以学会的东西”，即“通过学习可以获得的知识”。

在现代社会，人们认为数学是研究数量、**结构**、变化、空间以及信息等的一门学科。

数学在人类历史发展和社会生活中起着极其重要的作用，是学习和研究现代科学技术必须**运用**的基本**工具**。

比如，数量是对现实生活中事物量的表达方式。几千年以前，在日常生活和生产实践中，人们需要创造出一些词语来表达事物的量的多少，这样的表达方式在商代的**甲骨文**中就已经存在了。像这些表示数量的词语在现代汉语中我们都已经学过，比如，我们说“一棵树、两条鱼、三只鸡、四个人”等。其中“棵”“条”“只”“个”是说明事物的量的单位的词，这些词我们叫作“量词”。

世界著名的四大数学家分别是欧拉（Leonhard Euler）、阿基米德（Archimedes）、牛顿（Isaac Newton）、高斯（Johann Carl Friedrich Gauss）。“数学**天才**”高斯是德国（Germany）的数学家。高斯在10岁的时候就计算出了把1到100的所有整数加起来的**算术**题。

中国著名的数学家有祖冲之、苏步青、华罗庚、陈景润等。陈景润被人们称为“数学**王子**”。

现代著名数学家陈景润

陈景润到了上学的年龄，父母给他找了一所离家最近的学校。在所有课程中，他最喜欢数学，学习数学能够让他忘掉所有的烦恼。他学习数学到了**痴迷**的**程度**，有一次他一边走路一边看书，不小心撞到了一棵树，他**抱歉**地对树说："对不起！"

生词

数学	shùxué	mathematics
获得	huòdé	get
结构	jiégòu	structure
运用	yùnyòng	apply
工具	gōngjù	tool
甲骨文	jiǎgǔwén	inscriptions on bones or tortoise shells of the Shang Dynasty
天才	tiāncái	genius
算术	suànshù	arithmetic
王子	wángzǐ	prince
痴迷	chīmí	be obsessed

程度	chéngdù	degree
抱歉	bàoqiàn	I'm sorry

练习

一、根据拼音写词语。

chīmí　　chéngdù　　bàoqiàn　　wángzǐ

(　　)　(　　)　(　　)　(　　)

tiāncái　　suànshù　　jiǎgǔwén　　shùxué

(　　)　(　　)　(　　)　(　　)

二、根据课文判断正误。

1. 世界著名的四大数学家分别是欧拉、阿基米德、牛顿、高斯。(　　)

2. 陈景润被称为“数学王子”。(　　)

3. 数学这个词源自希腊语。(　　)

4. “数学天才”高斯是德国的数学家。(　　)

三、将下列词语组成句子。

1. 德国　是　天才　高斯　的　数学　家

2. 希腊语　这个　词　源自　数学

3. 王子　为　称　被　数学　陈景润

四、说一说你知道的数学家。

课文二　数字符号

在数学产生的时候没有**标准**的数学**符号**，数学符号是在后来的实践中逐渐产生并且进一步**完善**的。数学符号的产生，**简化**了数学研究工作，**促进**了数学的发展。所以，学习数学，要从数学符号开始。数字符号是最简单、最常用的数学符号，它们引起了数学上的一场**革命**。

我们在日常生活中用到的“1、2、3、4、5、6、7、8、9”这些数字符号是由古代印度（India）人**发明**的，后来**传**到了阿拉伯（Arab），又从阿拉伯传到了欧洲（Europe），欧洲人以为是阿拉伯人发明的，就把它们叫作“阿拉伯数字”。因为**流传**了许多年，人们叫得非常**顺口**了，所以，现在人们仍然**将错就错**，把这些古代印度人发明的数字符号叫作“阿拉伯数字”。

现在，阿拉伯数字已成了全世界通用的数字符号。

对了，**细心**的同学可能发现以上的数字符号中没有“0”，那么，“0”又是什么时候出现的呢？阿拉伯数字“1、2、3、4、5、6、7、8、9”于十三世纪后期传入中国，当时人们错误地认为“0”也是印度人发明的。其实数字“0”是由中国人发明的。

中国的“零”，当时是“○”，“○”表示这个数“没有”，或这个**数位**上没有，经过慢慢发展**演变**，最后变成了今天的“0”。因此，以“0”作为“零”是我国古代数学家对数学的伟大**贡献**。

生词

标准	biāozhǔn	standard
符号	fúhào	symbol
完善	wánshàn	perfect
简化	jiǎnhuà	simplify
促进	cùjìn	promote
革命	gémìng	revolution
发明	fāmíng	invent
传	chuán	pass
流传	liúchuán	spread
顺口	shùnkǒu	speak casually
将错就错	jiāngcuò-jiùcuò	make the best of a bad bargain
细心	xìxīn	careful
数位	shùwèi	digit
演变	yǎnbiàn	evolution
贡献	gòngxiàn	contribution

语法点

起着……的作用　　play a…role in

在某件事/某活动中扮演什么角色，起到什么样的作用

例：数学在人类历史发展和社会生活中起着极其重要的作用。

Math plays a very important role in the development of history and social life of human.

练习

一、根据拼音写词语。

biāozhǔn（　　） fúhào（　　） jiǎnhuà（　　） liúchuán（　　）

wánshàn（　　） cùjìn（　　） jiāngcuò-jiùcuò（　　）

xìxīn（　　） shùwèi（　　） yǎnbiàn（　　） gòngxiàn（　　）

二、根据课文判断正误。

1. 阿拉伯数字最先是由古印度人发明的。（　　）

2. 阿拉伯数字已成了全世界通用的数字符号。（　　）

3. 数字“0”是由中国人发明的。（　　）

三、将下列词语组成句子。

1. 数学　产生　时候　在　没有　的　标准的　数学符号

2. 极其　人类历史　作用　数学　在　发展　和　社会生活中　重要的　起着

3. 革命　一场　最简单　数学符号　是　最常用　数字符号　引起了　它们　的　数学上的

四、用“起着……的作用”造句。

课文三　拓展阅读 1

yuán yuán xíng jí yuán zhōu lǜ
圆、圆形及圆周率

gǔ dài rén zuì zǎo shì cóng tài yáng cóng yīn lì shí wǔ de
古代人最早是从太阳、从阴历十五的
yuè liàng dé dào yuán de gài niàn de nián qián zhōng guó
月亮得到圆的概念的。6000 年前，中国
shǎn xī xī ān bàn pō rén jiù yǐ jīng huì zào yuán xíng de fáng
陕西西安半坡人就已经会造圆形的房
dǐng le
顶了。

dà yuē zài nián qián měi suǒ bù dá mǐ yà
大约在 6000 年前，美索不达米亚
rén zào chū le shì jiè shàng dì yī gè lún zi
(Mesopotamia)人造出了世界上第一个轮子——
yuán de mù lún yuē zài nián qián rén men jiāng yuán de mù
圆的木轮。约在 4000 年前，人们将圆的木
lún gù dìng zài mù jià shàng zhè jiù chéng le zuì chū de chē zi
轮固定在木架上，这就成了最初的车子。

huì zuò yuán dàn bù yī dìng dǒng dé yuán de xìng zhì gǔ dài
会作圆，但不一定懂得圆的性质。古代
āi jí rén rèn wéi yuán shì shén cì gěi rén de shén shèng
埃及(Egypt)人认为：圆，是神赐给人的神圣

注：为简便起见，本书“一”“不”等字皆不做变调处理。

tú xíng yī zhí dào liǎng qiān duō nián qián wǒ guó de mò zǐ yuē
图形。一直到两千多年前我国的墨子(约
gōng yuán qián nián qián nián cái gěi yuán xià le yī gè
公元前468年—前376年)才给圆下了一个
dìng yì yī zhōng tóng cháng yě yì sī shì shuō yuán yǒu yī
定义:"一中同长也。"意思是说:圆有一
gè yuán xīn yuán xīn dào yuán zhōu de cháng dōu xiāng děng zhè
个圆心,圆心到圆周的长都相等。这
gè dìng yì bǐ xī là shù xué jiā ōu jǐ lǐ dé
个定义比希腊(Greece)数学家欧几里得(Euclid)
yuē gōng yuán qián nián qián nián gěi yuán xià de
(约公元前330年—前275年)给圆下的
dìng yì yào zǎo nián
定义要早100年。

yuán zhōu lǜ yě jiù shì yuán zhōu yǔ zhí jìng de bǐ zhí shì
圆周率,也就是圆周与直径的比值,是
yī gè fēi cháng qí tè de shù tōng cháng yòng xī là zì mǔ
一个非常奇特的数,通常用希腊字母π
biǎo shì rú guǒ shè yuán de zhí jìng wéi bìng bǎ yuán nèi jiē
表示。如果设圆的直径为1,并把圆内接
zhèng liù biān xíng de zhōu cháng kàn zuò shì yuán zhōu
正六边形的周长($P_6=3$)看作是圆周
cháng de jìn sì zhí nà me yuán zhōu lǜ de jìn sì zhí jiù wéi
长的近似值,那么圆周率的近似值就为3。
zhè shì wǒ guó gǔ dài zuì zǎo shǐ yòng de yuán zhōu lǜ jìng yī
这是我国古代最早使用的圆周率"径一
zhōu sān jí qǔ de lái lì hòu rén chēng wéi gǔ lǜ
周三(即取π≈3)"的来历,后人称为"古率"。

wǒ guó wèi jìn shí qī de liú huī yú gōng yuán nián gěi
我国魏晋时期的刘徽于公元263年给
jiǔ zhāng suàn shù zuò zhù tā fā xiàn jìng yī zhōu sān zhǐ
《九章算术》作注。他发现"径一周三"只
shì yuán nèi jiē zhèng liù biān xíng zhōu cháng hé zhí jìng de bǐ
是圆内接正六边形周长和直径的比

zhí tā chuàng lì le gē yuán shù rèn wéi yuán nèi jiē zhèng
值。他创立了“割圆术”，认为圆内接正
duō biān xíng biān shù wú xiàn zēng jiā shí zhōu cháng jiù yuè jiē
多边形边数无限增加时，周长就越接
jìn yuán zhōu cháng tā suàn dào yuán nèi jiē zhèng biān
近圆周长。他算到圆内接正 3 072 边
xíng de yuán zhōu lǜ cǐ shí liú huī yǐ jīng bǎ
形的圆周率 π = 3 927/1 250。此时，刘徽已经把
jí xiàn de gài niàn yùn yòng yú jiě jué shí jì de shù xué wèn
极限的概念运用于解决实际的数学问
tí zhī zhōng zhè zài shì jiè shù xué shǐ shàng shì yī xiàng zhòng
题之中，这在世界数学史上是一项重
dà de chéng jiù
大的成就。

zǔ chōng zhī nián nián zài qián rén de jì suàn jī
祖冲之（429 年—500 年）在前人的计算基
chǔ shàng jì xù tuī suàn qiú chū yuán zhōu lǜ zài yǔ
础上继续推算，求出圆周率在3.1415926与
zhī jiān shì shì jiè shàng zuì zǎo de qī wèi xiǎo shù
3.1415927之间，是世界上最早的七位小数
jīng què zhí tā hái yòng liǎng gè fēn shù zhí lái biǎo shì yuán
精确值，他还用两个分数值来表示圆
zhōu lǜ chēng wéi yuē lǜ chēng wéi mì lǜ
周率：22/7 称为约率，355/113 称为密率。

zài ōu zhōu zhí dào shì jì zhōng yè hé lán
在欧洲，直到 16 世纪中叶，荷兰（Holland）
shù xué jiā ān tuō ní zī cái dé dào zhè gè shù zhí
数学家安托尼兹（Anthonisz）才得到这个数值。

xiàn zài yǒu le diàn zǐ jì suàn jī diàn nǎo yuán zhōu
现在有了电子计算机（电脑），圆周
lǜ yǐ jīng suàn dào le xiǎo shù diǎn hòu yī qiān wàn wèi yǐ
率已经算到了小数点后一千万位以
shàng le
上了。

gēn jù wén zhāng huí dá wèn tí
根据文章回答问题

gǔ rén duì yú yuán de gài niàn lái yuán yú shén me
1. 古人对于圆的概念来源于什么？

shì jiè shàng zuì zǎo de yǒu guān yuán zhōu lǜ de yán jiū chū xiàn zài hé shí hé dì
2. 世界上最早的有关圆周率的研究出现在何时何地？

zhōng guó hé ōu zhōu qǔ dé yuán zhōu lǜ de shù zhí yán jiū chéng guǒ xiāng chà le duō cháng shí jiān
3. 中国和欧洲取得圆周率的数值研究成果相差了多长时间？

课文四　拓展阅读 2

wén huà shì rén lèi zhī shí yǔ shè huì shēng huó jīng yàn
文化是人类知识与社会生活经验

de jī lěi shì yī gè jù yǒu zǐ wén huà de suí zhe lì shǐ jìn
的积累，是一个具有子文化的、随着历史进

chéng bù duàn chuán bō de fù hé zhěng tǐ ér shù xué shì rén
程不断传播的复合整体。而数学是人

lèi chuàng zào de fēi zì rán de chǎn wù níng jù le rén lèi de
类创造的非自然的产物，凝聚了人类的

zhī shí yì shí yǔ jīng yàn zài chuán bō yǐng xiǎng róng
知识、意识与经验，在传播、影响、融

hé de guò chéng zhōng fā zhǎn jù yǒu wén huà de suǒ yǒu tè
合的过程中发展，具有文化的所有特

diǎn suǒ yǐ yīng gāi bèi kàn zuò shì yī zhǒng wén huà shì
点，所以应该被看作是一种文化。20世

jì nián dài xī fāng xué zhě shuài xiān tí chū le shù xué
纪60年代，西方学者率先提出了数学

wén huà guān cóng xīn de lì chǎng wèi shù xué zhé xué yán
文化观，从新的立场为数学哲学研
jiū tí chū xīn de guān diǎn hé fāng fǎ jìn nián lái shù
究提出新的观点和方法。近20年来，数
xué wén huà zhú jiàn yǐn qǐ le guó nèi xué zhě de guān zhù
学文化逐渐引起了国内学者的关注，
yǔ shù xué wén huà xiāng guān de yán jiū yě hōng hōng liè liè
与数学文化相关的研究也轰轰烈烈
de kāi zhǎn qǐ lái àn zhào xiàn dài shù xué yán jiū shù xué
地开展起来。按照现代数学研究，数学
wén huà kě yǐ biǎo shù wéi yǐ shù xué kē xué wéi hé xīn yǐ
文化可以表述为以数学科学为核心，以
shù xué de sī xiǎng jīng shén fāng fǎ nèi róng děng suǒ fú
数学的思想、精神、方法、内容等所辐
shè de xiāng guān wén huà lǐng yù wéi yǒu jī zǔ chéng bù fen
射的相关文化领域为有机组成部分
de yī gè jù yǒu tè dìng gōng néng de dòng tài xì tǒng qí
的一个具有特定功能的动态系统，其
jī běn yào sù shì shù xué jí yǔ shù xué yǒu guān de gè zhǒng
基本要素是数学及与数学有关的各种
wén huà xiàn xiàng shù xué wén huà yán jiū kāi zhǎn yǐ lái
文化现象。数学文化研究开展以来，
shù xué de chōu xiàng què dìng jì chéng jiǎn jié tǒng yī
数学的抽象、确定、继承、简洁、统一
de wén huà shǔ xìng hé shèn tòu chuán bō yìng yòng yù jiàn
的文化属性和渗透、传播、应用、预见
de gōng néng tè zhēng bèi wā jué chū lái shù xué de yì shù
的功能特征被挖掘出来，数学的艺术
xìng yě shēn shēn xī yǐn le rén men de yǎn qiú rán ér zhè
性也深深吸引了人们的眼球。然而这
zhǐ shì shù xué gōng néng de wài xiǎn shì biǎo xiàn shù xué
只是数学功能的外显式表现，数学
wén huà yán jiū biǎo míng shù xué de qǐ yuán fā zhǎn wán
文化研究表明，数学的起源、发展、完

shàn hé yìng yòng de guò chéng duì rén lèi chǎn shēng le zhòng
善和应用的过程对人类产生了重

dà de yǐng xiǎng jì bāo kuò duì rén de guān niàn sī xiǎng hé
大的影响，既包括对人的观念、思想和

sī wéi fāng shì de yī zhǒng qián yí mò huà de zuò yòng yě
思维方式的一种潜移默化的作用，也

bāo kuò zài rén lèi rèn shí hé fā zhǎn shù xué de guò chéng
包括在人类认识和发展数学的过程

zhōng tǐ xiàn chū de tàn suǒ jīng shén luó jí sī wéi shì rén
中体现出的探索精神。逻辑思维是人

lèi tè yǒu de jīng shén huó dòng shì rén zhī suǒ yǐ néng jìn
类特有的精神活动，是人之所以能进

xíng luó jí sī kǎo de yuán yīn ér rén de luó jí sī wéi néng
行逻辑思考的原因，而人的逻辑思维能

lì de yǎng chéng yǔ shù xué yǒu zhe mì qiè de guān xì luó
力的养成与数学有着密切的关系。逻

jí sī wéi de guò chéng shí jì shàng jiù shì yǎn yì huò tuī lǐ
辑思维的过程实际上就是演绎或推理

de guò chéng ér yǎn yì tuī lǐ dé yǐ shí xiàn de qián tí shì
的过程，而演绎推理得以实现的前提是

rén men zài yì shí zhōng shǒu xiān xíng chéng chōu xiàng de gài
人们在意识中首先形成抽象的概

niàn jí bǎ gài niàn cóng shí tǐ zhōng chōu xiàng chū lái zài
念，即把概念从实体中抽象出来。在

zǎo qī de rén lèi wén míng shù xué de chuàng shǐ zhī chū rén
早期的人类文明，数学的创始之初，人

lèi jiù yǐ jīng xué huì le sī kǎo shù zì bìng jìn xíng yùn suàn
类就已经学会了思考数字并进行运算，

ér zhè zhǒng shù de chōu xiàng gài niàn de xíng chéng jǐn jǐn
而这种数的抽象概念的形成仅仅

shì luó jí sī wéi de dì yī bù gèng yǒu yì yì de shì rén
是逻辑思维的第一步，更有意义的是人

men zài shù zì zhī jiān jiàn lì qǐ lái de luó jí guān xì dāng
们在数字之间建立起来的逻辑关系。当

rén men zài shù de gài niàn zhī jiān jiàn lì qǐ mǒu zhǒng luó jí
人们在数的概念之间建立起某种逻辑

guān xì bìng què xìn zhè zhǒng luó jí guān xì de kě kào xìng
关系并确信这种逻辑关系的可靠性

de shí hòu biàn kāi qǐ le luó jí sī wéi guò chéng cóng zhè
的时候，便开启了逻辑思维过程。从这

yī yì yì shàng shuō luó jí sī wéi shǐ yú shù xué ér luó jí
一意义上说，逻辑思维始于数学，而逻辑

néng lì yě shì tōng guò shù xué péi yǎng qǐ lái de dāng rén
能力也是通过数学培养起来的。当人

men yǒu néng lì zài gài niàn zhī jiān jiàn lì luó jí guān xì de
们有能力在概念之间建立逻辑关系的

shí hòu biàn yì wèi zhe rén men yǐ jīng wèi zì jǐ gòu zào le
时候，便意味着人们已经为自己构造了

yī gè yóu gài niàn zǔ chéng de chún sī de shì jiè shù xué wèi
一个由概念组成的纯思的世界。数学为

rén men zhǎn xiàn de shì yóu zhū duō yǔ shí tǐ fēn lí de gài
人们展现的是由诸多与实体分离的概

niàn zǔ chéng de chún sī de shì jiè zài zhè gè shì jiè lǐ rèn
念组成的纯思的世界，在这个世界里，任

hé jié lùn dōu shì luó jí tuī lǐ de jié guǒ yǔ shù xué de luó
何结论都是逻辑推理的结果。与数学的逻

jí běn zhì xiāng sì sī xiǎng yě shì rén lèi lǐ xìng sī wéi de
辑本质相似，思想也是人类理性思维的

chǎn pǐn zài sī xiǎng de shì jiè lǐ rén men suǒ huò dé de
产品，在思想的世界里，人们所获得的

rèn hé rèn shí hé jié lùn tóng yàng yī lài yú luó jí tuī lǐ gù
任何认识和结论同样依赖于逻辑推理。故

ér zài dōng xī fāng sī xiǎng wén huà shǐ shàng cún zài yī gè
而在东西方思想文化史上存在一个

xiǎn ér yì jiàn de shì shí fán shì shù xué fā zhǎn shuǐ píng
显而易见的事实：凡是数学发展水平

jiào gāo de mín zú qí sī xiǎng wén huà de luó jí chéng dù
较高的民族，其思想文化的逻辑程度

yě xiāng duì jiào gāo zài wán chéng le zì shēn de luó jí guò
也相对较高。在完成了自身的逻辑过
chéng yǐ hòu tàn qiú shù xué zhēn lǐ biàn chéng le shù xué
程以后，探求数学真理便成了数学
de jī běn jīng shén yě dǎo xiàng le rén men duì yú pǔ biàn
的基本精神，也导向了人们对于普遍
bì rán xìng de guān zhù
必然性的关注。

shù xué yán jiū mó shì de kē xué
数学：研究模式的科学

duì gǔ xī là rén lái shuō shù xué shì yī mén dān chún
对古希腊人来说，数学是一门单纯
yán jiū shù zì de xué kē dàn shì zài cháng dá jǐ bǎi nián de
研究数字的学科。但是，在长达几百年的
shí jiān lǐ zhè zhǒng duì shù xué de dìng yì dōu shì xiāng dāng
时间里，这种对数学的定义都是相当
bù wán zhěng de shì jì zhōng yè yīng guó wù lǐ xué jiā
不完整的。17世纪中叶，英国物理学家
ài sà kè niú dùn yǔ dé guó shù xué jiā gē tè fú lǐ
艾萨克·牛顿与德国数学家戈特弗里
dé féng lái bù ní zī gè zì dú lì de chuàng lì le wēi jī
德·冯·莱布尼兹各自独立地创立了微积
fēn xué yī mén yán jiū yùn dòng yǔ biàn huà de xué kē
分学——一门研究运动与变化的学科。
dāng dài shù xué bèi huà fēn wéi gè bù tóng de xué kē qí
当代数学被划分为80个不同的学科，其
zhōng yī xiē xué kē hái kě yǐ jì xù xì fēn jīn tiān shù xué
中一些学科还可以继续细分。今天，数学
jiā bù zài dān chún zhuān zhù yú shù zì běn shēn le ér shì
家不再单纯专注于数字本身了，而是
gèng duō zhuān zhù yú mó shì zuò wéi yán jiū mó shì de kē
更多专注于模式。作为研究模式的科

xué shù xué yǐng xiǎng zhe wǒ men shēng huó de fāng fāng miàn
学，数学影响着我们生活的方方面

miàn chōu xiàng de mó shì shì wǒ men sī kǎo gōu tōng jì
面。抽象的模式是我们思考、沟通、计

suàn shè jiāo shèn zhì shì shēng mìng běn shēn de jī chǔ mó
算、社交甚至是生命本身的基础。模

shì wú chù bù zài rén rén kě jiàn dàn shì shù xué jiā men què
式无处不在，人人可见。但是数学家们却

néng gòu kàn dào mó shì nèi bù yǐn cáng de mó shì suī rán bù
能够看到模式内部隐藏的模式。虽然不

shǎo rén huì yòng wěi dà de huà yǔ qù miáo shù shù xué jiā de
少人会用伟大的话语去描述数学家的

yán jiū gōng zuò dàn shì jué dà duō shù shù xué jiā de mù biāo
研究工作，但是绝大多数数学家的目标

què shì wèi zuì fù zá de mó shì zhǎo dào zuì jiǎn dān de jiě
却是为最复杂的模式找到最简单的解

shì shù xué de shén qí zhī chù jiù zài yú yī gè jiǎn dān yǒu
释。数学的神奇之处就在于，一个简单有

qù de wèn tí huò mí tí tōng cháng néng gòu dài gěi rén shēn
趣的问题或谜题，通常能够带给人深

yuǎn de dòng chá lì
远的洞察力。

zhì shù yǔ chán

质数与蝉

shì jiè shàng dà yuē yǒu zhǒng chán lā dīng wén
世界上大约有3 500种蝉（拉丁文

jiào shù xī shuài zhè shì yī zhǒng fēn bù zài shì jiè gè dì
叫“树蟋蟀”），这是一种分布在世界各地

de wú hài fēi xíng kūn chóng dà duō shù chán de shēng mìng
的无害飞行昆虫。大多数蝉的生命

zhōu qī shì liǎng dào wǔ nián dàn shì yǒu xiē chán zé yōng yǒu
周期是两到五年，但是有些蝉则拥有

gèng cháng gèng qí tè de shēng mìng zhōu qī
更长、更奇特的生命周期。

chǎn yú běi měi de zhōu qī chán yǒu zhe cháng dá nián
产于北美的周期蝉有着长达13年
huò nián de shēng mìng zhōu qī zhè yǐn qǐ le shēng wù xué
或17年的生命周期。这引起了生物学
jiā yǔ shù xué jiā de jí dà xìng qù yīn wèi yǔ dōu shì
家与数学家的极大兴趣，因为13与17都是
zhì shù kě jiàn zhì shù bù jǐn zài shù xué lǐng yù bàn yǎn zhe
质数。可见，质数不仅在数学领域扮演着
zhòng yào de jué sè zài shēng mìng zhōu qī shàng yě shì rú
重要的角色，在生命周期上也是如
cǐ bǎo luó āi ěr dé shí zhè wèi jù yǒu chuán qí sè cǎi de
此。保罗·埃尔德什，这位具有传奇色彩的
shù xué jiā zài gǎn dào jué wàng de shí hòu céng dà shēng de
数学家，在感到绝望的时候，曾大声地
shuō rén lèi yào xiǎng wán quán liǎo jiě zhì shù zhì shǎo hái
说："人类要想完全了解质数，至少还
xū yào wàn nián zhōu qī chán wèi shén me zhèng hǎo
需要100万年！"周期蝉为什么正好
yǒu nián yǔ nián de shēng mìng zhōu qī yī rán zhǎo bù
有13年与17年的生命周期，依然找不
dào jù yǒu shuō fú lì de jiě shì zhōu qī chán yǐ chóng yǒng
到具有说服力的解释。周期蝉以虫蛹
de xíng tài zài dì xià cún huó le nián huò shì nián dàn
的形态在地下存活了13年或是17年。但
jiù xiàng shàng hǎo le fā tiáo yī yàng shí jiān yī dào tā men
就像上好了发条一样，时间一到，它们
jiù huì jiàn zào yī gè tōng xiàng dì miàn de suì dào rán
就会建造一个通向地面的"隧道"，然
hòu yǐ shù bǎi wàn de shù liàng chū xiàn
后以数百万的数量出现。

dào dǐ shì shén me ràng zhōu qī chán zài guò le zhè xiē
到底是什么让周期蝉在过了这些

nián zhī hòu cái chū lái ne zhōu qī chán yòu shì zěn yàng liǎo
年之后才出来呢？周期蝉又是怎样了
jiě dào zhì shù de ne zhè bù kě néng wán quán shì yī zhǒng
解到质数的呢？这不可能完全是一种
qiǎo hé sī dì fēn jié yī gǔ ěr dé jiù tí chū yī zhǒng
巧合。斯蒂芬·杰伊·古尔德就提出一种
lǐ lùn rèn wéi zhè xiē zhōu qī chán zài dì xià dāi zhè me
理论，认为这些周期蝉在地下待这么
cháng de shí jiān shì wèi le duǒ bì nà xiē duǎn mìng de liè shí
长的时间，是为了躲避那些短命的猎食
zhě rán hòu zhōu qī chán huì tuì ké chéng wéi néng fēi xíng
者。然后，周期蝉会褪壳，成为能飞行
de kūn chóng xióng xìng zhōu qī chán huì bù tíng míng jiào cí
的昆虫。雄性周期蝉会不停鸣叫，雌
xìng zhōu qī chán zé yī shēng bù chū tā men bù chī dōng xī
性周期蝉则一声不出。它们不吃东西，
zài duǎn duǎn jǐ zhōu de shēng mìng lǐ tā men wéi yī de mù
在短短几周的生命里，它们唯一的目
biāo jiù shì jìn xíng jiāo pèi yǐ bǎo cún wù zhǒng
标就是进行交配，以保存物种。

nán guài mò xī gē yǒu yī shǒu yōu měi de gē qǔ
难怪墨西哥有一首优美的歌曲
duì chán zhè zhǒng kūn chóng jìn xíng le làng màn
“La Cigarra”，对蝉这种昆虫进行了浪漫
de xuàn rǎn shuō tā men bù tíng gē chàng zhí zhì sǐ wáng
的渲染，说它们不停歌唱，直至死亡。
tā men zài liǎng gè yuè nèi dōu huì xiāng jì sǐ wáng liú xià
它们在两个月内都会相继死亡，留下
děng dài fū huà de shù bǎi wàn jì de chóng luǎn zhè xiē chóng
等待孵化的数百万计的虫卵。这些虫
luǎn jiāng huì zài dì xià jì xù cún huó nián huò nián zhí
卵将会在地下继续存活13年或17年，直
dào tā men de shēng mìng zhōu qī zài cì kāi shǐ
到它们的生命周期再次开始。

zhōu qī chán de shēng mìng zhōu qī jiù shì zì rán jiè wú
周期蝉的生命周期就是自然界无
chù bù cún zài zhe shù xué yǐng zǐ de zuì jiā zhèng míng zì
处不存在着数学影子的最佳证明。自
rán jiè duì zhì shù gù yǒu de rèn zhī wèi zhōu qī chán tí gōng
然界对质数固有的认知为周期蝉提供
le bǎo guì de shēng cún jì néng
了宝贵的生存技能。

jìn huà shì yī gè cháng qī de yóu xì zhōu qī chán kě
进化是一个长期的游戏。周期蝉可
yǐ tōng guò xuǎn zé yī gè xiāng duì jiào dà de zhì shù bǐ rú
以通过选择一个相对较大的质数（比如
yǔ lái duǒ bì liè shí zhě bǐ fāng shuō rú guǒ chán
13与17）来躲避猎食者。比方说，如果蝉
de shēng mìng zhōu qī shì nián ér tā de liè shí zhě de
的生命周期是17年，而它的猎食者的
shēng mìng zhōu qī shì nián nà me tā men měi gé nián
生命周期是5年，那么它们每隔85年
cái huì xiāng yù yī cì
（17×5）才会相遇一次。

zī liào lái yuán yī fán mò sī kē wéi qí mí rén de
（资料来源：伊凡·莫斯科维奇，《迷人的
shù xué shé zhuó héng yì
数学》，佘卓恒译）

第二单元

课文一　简单的数学符号

数学符号的发明和使用比数字晚，但是数学符号的数量比数字多。现在常用的数学符号已经有 200 多个。我们介绍几种最常用的数学符号。现在的**加号**“+”是以前拉丁文（Latin）的“et”。十六世纪，意大利（Italy）**科学家**塔塔里亚（Tartaglia）用意大利文（Italian）“plu”的第一个字母“p”**表示**加号，最后都变成了“+”。现在的“－”**减号**是拉丁文“minus”“减”的意思，开始的时候写成 m，后来写成了“－”。

我们在日常生活中经常使用的**乘号**“×”**曾经**用过十几种，现代数学常用两种。1698 年，德国数学家莱布尼茨（Leibniz）在给朋友的信中提出用圆点“·”表示乘号；到了十八世纪，美国（America）数学家欧德莱（Oughtred）用“×”表示乘号。他认为“×”是“+”的**另外**一种表示**增加**的符号。

除号“÷”开始的时候表示减号，在欧洲使用了很长时间。后来瑞士（Switzerland）的一位数学家使用“÷”表示除号，人们就都用“÷”表示除号了。

英国（The United Kingdom）的数学家列考尔德（Recorde）说

过这样的话：用两条又**平行**又相等的直线来表示两个数字相等是最合适的，**于是等号**“=”就从1540年开始使用了。

“2+3=5”用汉语说是“2加3等于5”；“5−3=2”用汉语说是“5减3等于2”；“2×3=6”用汉语说是“2乘以3等于6”；“6÷3=2”用汉语说是“6除以3等于2”。

生词

数学符号	shùxué fúhào	mathematical notation
加减乘除	jiājiǎnchéngchú	add, subtract, multiply, divide
科学家	kēxuéjiā	scientist
表示	biǎoshì	express
曾经	céngjīng	once
另外	lìngwài	in addition
增加	zēngjiā	increase
平行	píngxíng	parallel
于是	yúshì	therefore
等号	děnghào	the equal sign

语法点

于　是

连词，表示后一事紧接着前一事，后一事往往是由前一事引起的。

例：大家一鼓励，我于是恢复了信心。

练习

一、根据拼音写词语。

shùxué fúhào　　　jiājiǎnchéngchú　　　kēxuéjiā

(　　　　)　　　(　　　　)　　　(　　　)

biǎoshì　　céngjīng　　lìngwài　　zēngjiā　　yúshì

(　　)　(　　)　(　　)　(　　)　(　　)

二、根据课文判断正误。

1. 数字的发明和使用比数学符号早一些。(　　)
2. 加号和减号最早都是从拉丁文演变来的。(　　)
3. 乘号虽然曾经有十几种形式,但现代数学只通用一种“×”。(　　)
4. 在欧洲,除号“÷”最初是表示加号。(　　)
5. 等于符号“=”是出于两条平行而又相等的直线的想法。(　　)
6. 等号“=”从 1540 年就开始使用了。(　　)
7. “2+3=5”用汉语说是“2 加 3 等于 5”。(　　)

三、根据课文填空。

1. “-”号是从拉丁文“minus”(“减”的意思)变来的,一开始写成__________,后来写成“__________”了。

2. 美国数学家欧德莱认为“×”是“+”的______一种表示______的符号。

3. 英国列考尔德教授觉得:用两条又__________又__________的直线来表示两数相等是最合适的,于是等于符号“=”开始使用了。

四、将下列词语组成句子。

1. 符号　200 个　现在　常用的　超过了　已　数学

2. 于是　就　从　1540 年　使用　了　开始　等号　“=”

3. 除以　6 3 2　等于

4、乘以　3 2 6　等于

五、将适当的词语连接在一起。

介绍	一周	从拉丁文	表示根号
计算	一定的长度	用“$\sqrt{\ }$”	无限延长
旋转	数字符号的来历	在 15 世纪	变来的
引出	体积	向两端	围成的图形
按照	两条射线	用三条线	创造

课文二　简单的图形

最简单的**图形**就是直线，像图形“————”。一条直线可以向两**端无限延长**，直线上两点之间的一段直线叫作**线段**，如图形“*A*——*B*”，*A* 点到 *B* 点是一个线段。像直线、线段这些图形的每个部分都在同一个**平面**内，因此被叫作平面图形。在同一平面内不**相交**的两条直线叫作平行线，像图形“════════”。**铁轨**是两条直线，也是两条平行线。**铁路**上两个车站之间就是线段，我们叫路段。我们可以说“一条路段”“多个路段”。在日常生活中，直线、线段我们常常看到，比如一条笔直的路可以是一条直线。为什么叫“笔直的路”？就是因为路像我们每天学习使用的铅笔、钢笔、圆珠笔那样直。那么，一支铅笔或者一支钢笔、一支圆珠笔也可以说是一个线段。由线段构成的以下一些图形也叫平面图形，只是线段在这些图形中叫作“边”。例如：“正方形”“长方形”“平行四边形”“**梯形**”等。正方形的上、下、左、右四条边都相等（一样长），如图 1。长方形的上边和下边一样长，左边和右边一样长，叫“**对边**相等”，如图 2。两组对边分别平行的四边形叫作平行四边形，如图 3。只有一组对边平行的四边形叫作梯形，如图 4。

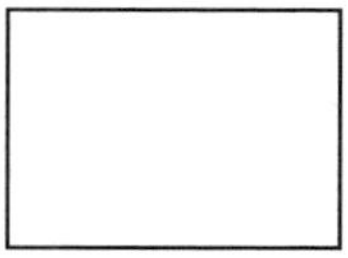
图 1

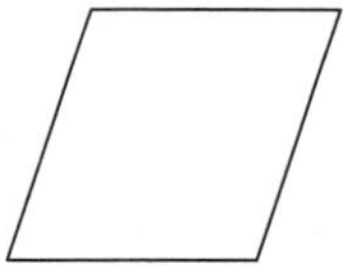
图 2

图 3

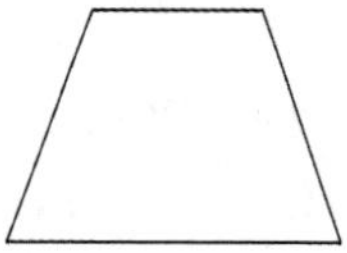
图 4

生词

图形	túxíng	graphics
端	duān	end
无限	wúxiàn	infinite
延长	yáncháng	extended
线段	xiànduàn	line segment
平面	píngmiàn	plane

相交	xiāngjiāo	intersect
铁轨	tiěguǐ	track
铁路	tiělù	railway
梯形	tīxíng	trapezoid
对边	duìbiān	opposite side

练习

一、根据拼音写词语。

fúhào ( )　　túxíng ( )　　wúxiàn ( )

yáncháng ( )　　xiànduàn ( )　　píngmiàn ( )

xiāngjiāo ( )　　tiěguǐ ( )　　tiělù ( )

tīxíng ( )

二、根据课文判断正误

1. 最简单的图形就是直线。( )
2. 一支圆珠笔也可以说是一个线段。( )
3. 两组对边分别平行的四边形叫作平行四边形。( )
4. 只有一组对边平行的四边形叫作梯形。( )
5. 线段在正方形、梯形等图形中叫作“边”。( )

三、说出下列图形的名称。

(　　)　　(　　)　　(　　)　　(　　)

课文三　拓展阅读课文 1

qí tā cháng yòng de shù xué fú hào hé tú xíng
其他常用的数学符号和图形

chú le qián miàn shuō de shù xué fú hào hé tú xíng yǐ
除了前面说的数学符号和图形以
wài hái yǒu lìng wài de shù xué fú hào hé tú xíng shù xué fú
外，还有另外的数学符号和图形。数学符
hào bǐ rú dà yú hào yòng biǎo shì xiǎo yú hào yòng
号比如“大于号”用“>”表示，“小于号”用
biǎo shì yòng hàn yǔ shuō shì dà yú yòng
“<”表示。“5>3”用汉语说是“5大于3”；“3<5”用
hàn yǔ shuō shì xiǎo yú
汉语说是“3小于5”。

xiǎo kuò hào shì shì jì hé lán shù xué jiā jí lā tè
小括号“( )”是17世纪荷兰数学家吉拉特
kāi shǐ shǐ yòng de
（Giarat）开始使用的。

fú hào jiào píng fāng gēn hào shì shì jì fǎ guó
符号“√”叫“平方根号”，是17世纪法国

shù xué jiā dí kǎ ěr tí chū de tā zài tā
（French）数学家笛卡尔（Descartes）提出的，他在他

de jǐ hé xué zhōng dì yī cì shǐ yòng zhè gè fú hào
的《几何学》中第一次使用这个符号。“$\sqrt{4}=2$”

yòng hàn yǔ shuō shì de píng fāng gēn shì huò zhě shuō
用汉语说是“4的平方根是2”，或者说“4

de píng fāng gēn děng yú
的平方根等于2”。

cóng yī diǎn yǐn chū de liǎng tiáo shè xiàn wéi chéng de tú
从一点引出的两条射线围成的图

xíng jiào zuò jiǎo cháng jiàn de jiǎo yǒu ruì jiǎo zhí jiǎo dùn
形叫做“角”，常见的角有锐角、直角、钝

jiǎo qǐng kàn xià miàn de tú xíng
角，请看下面的图形。

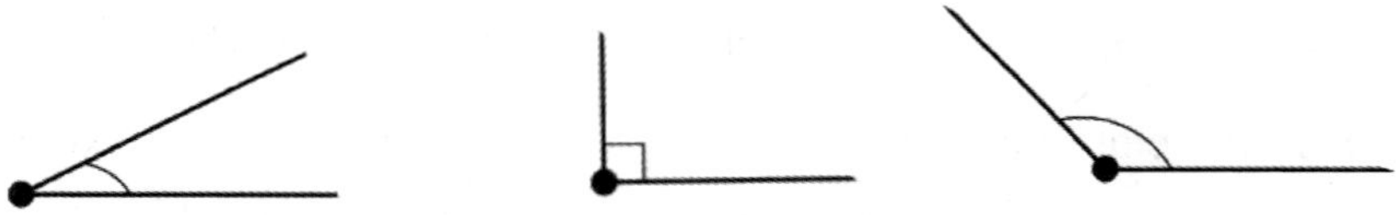

锐角　　直角　　钝角

yòng sān tiáo xiàn duàn wéi chéng de tú xíng jiào zuò sān
用三条线段围成的图形叫做“三

jiǎo xíng cháng jiàn de sān jiǎo xíng shì ruì jiǎo sān jiǎo
角形”，常见的三角形是“锐角三角

xíng dùn jiǎo sān jiǎo xíng hé zhí jiǎo sān jiǎo xíng
形”“钝角三角形”和“直角三角形”。

qǐng kàn xià miàn de tú xíng
请看下面的图形。

zài xià miàn de sān gè tú xíng zhōng zuǒ biān de jiào
在下面的三个图形中，左边的叫
yuán xíng zhōng jiān de jiào shàn xíng yòu biān de
“圆形”，中间的叫“扇形”，右边的
jiào tuǒ yuán xíng
叫“椭圆形”。

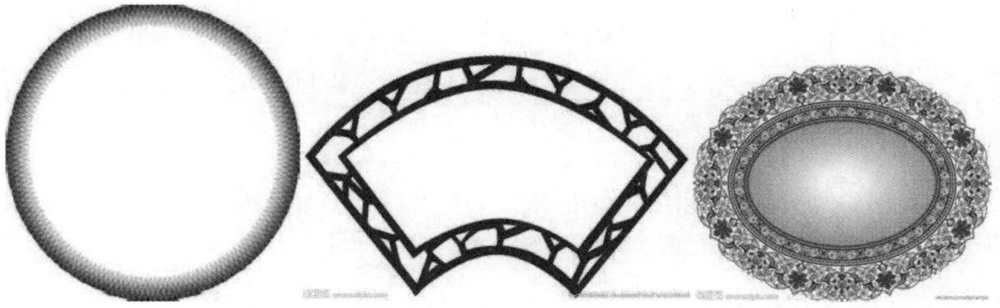

shàng miàn jiè shào de shì rì cháng shēng huó zhōng cháng
上面介绍的是日常生活中常
jiàn de píng miàn tú xíng shù xué zhōng hái yǒu lì tǐ tú
见的平面图形，数学中还有“立体图
xíng lì tǐ tú xíng gè gè bù fen bù zài tóng yī gè píng
形”，立体图形各个部分不在同一个平
miàn nèi shì yóu yī gè huò zhě duō gè miàn wéi chéng de tú
面内，是由一个或者多个面围成的图
xíng shì yī zhǒng sān wéi tú xíng cháng jiàn de lì tǐ tú xíng
形，是一种三维图形。常见的立体图形

yǒu zhèng fāng tǐ　cháng fāng tǐ　qiú tǐ děng　qǐng kàn xià
有　正　方　体、　长　方　体、　球　体　等。　请　看　下

miàn de tú piàn
面　的　图　片。

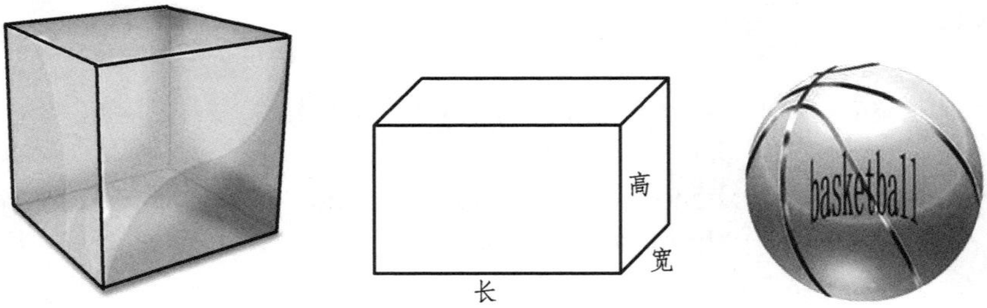

gēn jù wén zhāng huí dá wèn tí
根据文章回答问题

xiǎo kuò hào shì shuí kāi shǐ shǐ yòng de
1. 小　括　号　是　谁　开　始　使　用　的?

píng fāng gēn hào shì shuí tí chū de
2. 平　方　根　号　是　谁　提　出　的?

shén me yàng de tú xíng jiào jiǎo
3. 什　么　样　的　图　形　叫"角"?

cháng jiàn de sān jiǎo xíng yǒu jǐ zhǒng　gè jiào shén
4. 常　见　的　三　角　形　有　几　种?　各　叫　什

me míng zì
么　名　字?

shén me jiào lì tǐ tú xíng
5. 什　么　叫　立　体　图　形?

课文四　拓展阅读 2

yǐ wǎng yǒu guān shù xué shǐ hé wén huà shǐ de yán jiū
以往有关数学史和文化史的研究

zhōng rén men gèng duō zhù yì dào de shì shù xué yǔ zì rán
中，人们更多注意到的是数学与自然

kē xué zhī jiān de guān xì què hěn shǎo tán dào shù xué shǐ
科学之间的关系，却很少谈到数学史

yǔ sī xiǎng shǐ zhī jiān de lián xì shì shí shàng shù xué de
与思想史之间的联系。事实上，数学的

fā zhǎn yǔ rén lèi sī xiǎng de fā zhǎn yǒu zhe mì qiè de xiāng
发展与人类思想的发展有着密切的相

guān xìng chú le bāng zhù rén lèi wán chéng luó jí jìn chéng
关性。除了帮助人类完成逻辑进程，

huàn xǐng rén lèi de lǐ xìng jīng shén shù xué hái cān yù dào
唤醒人类的理性精神，数学还参与到

cù jìn rén lèi sī xiǎng jiě fàng de guò chéng dāng zhōng zài rén
促进人类思想解放的过程当中。在人

lèi de jīng shén shì jiè lǐ lǐ xìng dá bù dào de dì fāng cái
类的精神世界里，理性达不到的地方才

shì guǐ mèi shén guài de lǐng yù rén men tōng guò xué xí hé
是鬼魅神怪的领域。人们通过学习和

zhǎng wò zhī shí lái bǎi tuō zōng jiào mí xìn de shù fù gǎi shàn
掌握知识来摆脱宗教迷信的束缚，改善

shēng huó yuán yú shù xué de lǐ xìng jīng shén de pǔ jí guò
生活，源于数学的理性精神的普及过

chéng jiù shì rén men xíng chéng lǐ xìng de shēng huó tài dù
程，就是人们形成理性的生活态度，

bǎi tuō jīng shén zhì gù bǎ zōng jiào mí xìn cóng rén men de
摆脱精神桎梏，把宗教迷信从人们的

rì cháng shēng huó zhōng qū zhú chū qù de guò chéng yě shì
日常生活中驱逐出去的过程，也是

rén men jī lěi zhī shí tiào chū sī wéi dìng shì chuàng zào xīn
人们积累知识，跳出思维定势，创造新
sī wéi xīn shēng huó de guò chéng zhēn lǐ dàn shēng zǒng shì
思维、新生活的过程。真理诞生总是
bàn suí zhe qū zhé de huò dé zhēn lǐ de dào lù yě tōng
伴随着曲折的，获得真理的道路也通
cháng shì kǎn kě de shù xué shǐ bù dàn xiàng wǒ men zhǎn shì
常是坎坷的。数学史不但向我们展示
le shù xué de fā zhǎn jìn chéng hái xiàng wǒ men zhǎn shì le
了数学的发展进程，还向我们展示了
rén lèi tàn suǒ zhēn lǐ fèn dòu qiú zhēn de jiān xīn guò wǎng
人类探索真理、奋斗求真的艰辛过往。
tōng guò xué xí shù xué shǐ wǒ men kàn dào rén lèi duì zhēn
通过学习数学史，我们看到人类对真
lǐ de zhuī qiú duì chāo yuè zì shēn de xiàng wǎng duì zhì lì
理的追求、对超越自身的向往、对智力
jí xiàn de tiǎo zhàn zhè yī qiè dōu zài gǔ wǔ wǒ men hòu lái
极限的挑战。这一切都在鼓舞我们后来
zhī rén yào gǎn yú huái yí hé tū pò yào yǒng yú dú lì sī
之人要敢于怀疑和突破，要勇于独立思
kǎo gèng yào zài zhuī qiú zhēn lǐ de dào lù shàng jiān chí bù
考，更要在追求真理的道路上坚持不
xiè yī zhí yǐ lái shuō dào rén de wén huà sù zhì rén men
懈。一直以来，说到人的文化素质，人们
dà duō yǐ wéi wén huà sù zhì zhǔ yào shì zhǐ rén men zài shè
大多以为文化素质主要是指人们在社
huì kē xué fāng miàn de zhī shí xiū yǎng ér hěn shǎo tí jí zài
会科学方面的知识修养，而很少提及在
zì rán kē xué tè bié shì shù xué fāng miàn de xiū yǎng wǒ men
自然科学特别是数学方面的修养。我们
rèn wéi shù xué sù yǎng shì rén de wén huà sù zhì zuì wéi
认为，数学素养是人的文化素质最为
zhòng yào de gòu chéng yào sù zhī yī shù xué sù yǎng shì rén
重要的构成要素之一。数学素养是人

men zài xué xí shù xué de guò chéng zhōng yǎng chéng de jī
们在学习数学的过程中养成的基
běn sù zhì zhè zhǒng sù zhì zài xiàn shí shēng huó zhōng zhǔ
本素质，这种素质在现实生活中主
yào tǐ xiàn wéi luó jí sī kǎo de néng lì yǔ xí guàn tǐ xiàn
要体现为逻辑思考的能力与习惯，体现
wéi lǐ xìng de shēng huó tài dù tǐ xiàn wéi duì zhēn lǐ de rè
为理性的生活态度，体现为对真理的热
ài hái tǐ xiàn wéi liáng hǎo de gè rén pǐn gé jiù měi yī gè
爱，还体现为良好的个人品格。就每一个
shè huì chéng yuán ér yán tā men yě xǔ méi yǒu zú gòu de
社会成员而言，他们也许没有足够的
néng lì jiě jué nà xiē gāo shēn de shù xué wèn tí zài tā men
能力解决那些高深的数学问题，在他们
de shēng huó hé gōng zuò zhōng yě kě néng bù xū yào hěn
的生活和工作中，也可能不需要很
qiáng de shù xué jì suàn néng lì dàn shì duì yú dà duō shù
强的数学计算能力，但是对于大多数
rén lái shuō zhǐ yào tā néng gòu lǐ jiě shù xué tàn qiú zhēn
人来说，只要他能够理解数学探求真
lǐ zūn zhòng zhēn lǐ de kè guān xìng de jī běn jīng shén duì
理、尊重真理的客观性的基本精神，对
gè zhǒng wèn tí néng yǐ shù xué fāng shì lǐ xìng sī kǎo
各种问题能以“数学方式”理性思考，
shàn yú duì xiàn shí shì jiè zhōng de xiàn xiàng hé guò chéng jìn
善于对现实世界中的现象和过程进
xíng hé lǐ de jiǎn huà hé liàng huà tā zài shì shí shàng biàn
行合理的简化和量化，他在事实上便
yǐ jīng huò dé le duì yú rén shēng xiāng dāng bǎo guì de dōng
已经获得了对于人生相当宝贵的东
xī yě jiù shì shuō zài rì cháng de shè huì shēng huó zhōng
西。也就是说，在日常的社会生活中，
liáng hǎo de sī wéi fāng shì yǔ shēng huó tài dù xí guàn yuǎn
良好的思维方式与生活态度、习惯，远

bǐ shù xué jì néng gèng wéi zhòng yào cóng zhè yī yì yì
比数学技能更为重要。从这一意义
shàng shuō shù xué wén huà jiào yù de zhòng yào xìng shì bù
上说，数学文化教育的重要性是不
yán ér yù de cóng tí gāo guó mín wén huà sù zhì de mù dì
言而喻的。从提高国民文化素质的目的
chū fā wǒ men yīng gāi shì shí tiáo zhěng gāo děng xué xiào
出发，我们应该适时调整高等学校
shù xué jiào xué tè bié shì fēi shù xué zhuān yè de jiào xué mù
数学教学特别是非数学专业的教学目
biāo yǔ jiào xué fāng àn cóng yǐ wǎng piān zhòng shù xué jì
标与教学方案，从以往偏重数学技
néng de jiào xué lǐ niàn zhuǎn xiàng shù xué jì néng yǔ shù xué
能的教学理念转向数学技能与数学
sù yǎng bìng zhòng bǎ péi yù xué shēng de shù xué sù yǎng
素养并重，把培育学生的数学素养
zuò wéi shù xué jiào xué de jī běn mù biāo cóng ér shǐ gāo
作为数学教学的基本目标，从而使高
děng xué xiào de shù xué jiào xué zhēn zhèng chéng wéi tí gāo
等学校的数学教学真正成为提高
guó mín wén huà sù zhì de kě kào tú jìng
国民文化素质的可靠途径。

zī liào lái yuán sà lā bā tè lì tè fú
（资料来源：萨拉·巴特利特(Sarah Bartlett),《符
hào zhōng de lì shǐ nóng suō rén lè wén míng de gè xiàng
号中的历史：浓缩人类文明的100个象
zhēng fú hào fàn míng yīng wáng mǐn wén yì
征符号》,范明瑛、王敏雯译）

第三单元

课文一　四则运算法则

算术是数学中最**古老**、最**基础**的部分。“算术”这个词，在我国古代是**全部**数学的统称。算术内容的一部分是数的读法、写法和运算。

“四则”是指加法、减法、乘法、除法的计算法则。在算术中，**当**一级运算（“加法”和“减法”）和二级运算（“乘法”和“除法”）同时出现在一个**式子**中时，运算**顺序**是先计算乘法、除法，后计算加法、减法，**例如**在“2 + 9 – 1 × 4 ÷ 2”算式中，我们先计算“1 × 4 = 4”，再计算“1 × 4 ÷ 2 = 4 ÷ 2 = 2”，再计算“2 + 9 = 11”，最后计算“2 + 9 – 2= 11 – 2 = 9”。**如果**在一个算式中有括号的话，我们就先计算括号内的，再计算括号外的，例如在“(2 + 7 – 1) × 4 ÷ 2”算式中，我们先计算括号内的“(2 + 7 – 1)”，**结果**是“2 + 7 – 1 = 8”，再计算“(2 + 7 – 1) × 4”，结果是“(2 + 7 – 1) × 4 = 32”，最后计算“(2 + 7 – 1) × 4 ÷ 2”，结果是“32 ÷ 2 = 16”。**相同**一级运算的顺序是从左到右，例如算式“2 + 7 – 1”，我们先计算加法“2 + 7 = 9”，再计算减法“9 – 1 = 8”，最后的运算结果等于 8。上面的运算叫**四则运算**。

一道四则运算的算式不是一定有加、减、乘、除四种运算符号，有两个或两个以上运算符号和括号就是四则运算了。

生词

算术	suànshù	arithmetic
古老	gǔlǎo	ancient
基础	jīchǔ	basic
全部	quánbù	whole
当	dāng	when
式子	shìzi	formula
顺序	shùnxù	order
例如	lìrú	for example
如果	rúguǒ	if
结果	jiéguǒ	result
相同	xiāngtóng	identical，the same
四则运算	sìzé yùnsuàn	four operations

语法点

道，量词。

例：“一道题”“一道菜”

他做的这道菜非常好吃。

她考试的时候做错了一道题。

练习

一、根据拼音写词语。

rúguǒ ( ) xiāngtóng ( ) dào ( ) jiéguǒ ( ) quánbù ( )

shùnxù ( ) jīchǔ ( ) dāng ( ) shìzi ( ) suànshù ( )

二、将下列词语组成句子

1. 加法 是 指 四则 乘法 减法 的 除法 法则 计算。

2. 顺序 一级 相同 的 是 运算 左 从 右 到。

3. 括号 两个 或 两个 以上 有 符号 和 运算 就 是 四则运算 了。

三、根据课文填空。

1. ____________是指加法、减法、乘法、除法的计算法则。

2. 如果在一个算式中有__________________的话，我们就先计算____________内的，再计算____________外的。

3. 相同一级运算的____________是从左到右。

四、用下列词语造句。

如果　结果　道

课文二 分数和小数

分数表示一个数是另外一个数的几分之几，例如“三分之二”，我们可以这样写：“$\frac{2}{3}$”。为什么叫它分数呢？例如，一个西瓜四个人**平均**分，我们要把西瓜分成相等的四块。从这个**例子**就可以知道，分数是因为数学中除法运算的**需要产生**的。

一个分数有**分母**和**分子**，分子在分数线的上面，分母在分数线的下面。例如在分数“$\frac{2}{3}$”中，“2”是分子，“3”是分母。我们也可以把分数**看作**除法，用分子除以分母，分母不能为0。例如分数“$\frac{2}{3}$”，我们可以说“2除以3”。**同样**，除法也可以用分数表示，例如除法“$2 \div 3$”，我们也可以用分数“$\frac{2}{3}$”表示。

分子比分母小的分数叫作**真**分数，例如：$\frac{3}{8}$或$\frac{2}{5}$；分子比分母大的分数叫作**假**分数，例如“$\frac{8}{3}$”、“$\frac{9}{6}$”等。

百分数是一种特殊的分数，它的分母是100，它的分子可以不是**整数**。百分数表示一个数是另一个数的百分之几。百分数也叫作百分**率**或者百分比，常常用百分号（%）来表示，如41%，我们用汉语说是“百分之四十一”。

分母是10、100、1000……的分数可以用**小数**表示。小数是分数的另外一种表现形式。小数由整数、小数和小数点三个部分组成。小数点左边的部分是整数部分，小数点右边的部分是小数部分。例如“3.5”“4.7”等。整数部分是零的小数叫作纯小数，整数部分不是零的小数叫作**带小数**，例如0.3是纯小数，3.1是带小数。

生词

分数	fēnshù	fraction
平均	píngjūn	average
例子	lìzi	example
需要	xūyào	need
产生	chǎnshēng	produce
分母	fēnmǔ	denominator
分子	fēnzǐ	numerator
看作	kànzuò	regard as
同样	tóngyàng	same
真	zhēn	real
假	jiǎ	false
整数	zhěngshù	integer
率	lǜ	rate
小数	xiǎoshù	decimal
带小数	dàixiǎoshù	whole number with a decimal

语法点

把……看作（当作）

例：我把你看作（当作）我的亲生姐姐。

我把你当作（看作）朋友，可是你却没把我当作（看作）朋友。

练习

一、根据拼音写词语。

dàixiǎoshù（ ） lǜ（ ） zhěngshù（ ） jiǎ（ ） zhēn（ ） tóngyàng（ ）

kànzuò（ ） fēnzǐ（ ） fēnmǔ（ ） chǎnshēng（ ） lìzi（ ）

二、根据课文判断正误。

1. 分数表示一个数是另外一个数的几分之几。（ ）
2. 分数是因为数学中除法运算的需要产生的。（ ）
3. 我们也可以把分数看作除法。（ ）
4. 分子比分母小的分数叫作假分数。（ ）
5. 小数是分数的另外一种表现形式。（ ）

三、将下列词语组成句子。

1. 整数 部分 的 部分 是 小数点 左边
2. 百分率 也 百分比 或者 百分数 叫作
3. 小数部分 部分 的 是 右边 小数点
4. 整数部分 是 纯小数 的 小数 叫作 零
5. 整数部分 带小数 零 的 小数 叫作 不是

四、用下列句子结构造句。

把……（看作）当作

五、请举例说明。

1. 真分数
2. 假分数
3. 纯小数
4. 带小数
5. 百分数

课文三　拓展阅读课文 1

wèi shén me diàn zǐ jì suàn jī yào yòng èr jìn zhì
为什么电子计算机要用二进制

yīn wèi rén de shuāng shǒu yǒu shí gè shǒu zhǐ yú shì rén lèi fā míng le shí jìn wèi zhì jì shù fǎ dàn shì shí jìn wèi zhì hé diàn zǐ jì suàn jī diàn nǎo què méi yǒu tài dà de lián xì nà me hé jì suàn jī lián xì zuì duō de jì shù fāng fǎ yòu shì shén me ne
因为人的双手有十个手指，于是人类发明了十进位制计数法。但是，十进位制和电子计算机（电脑）却没有太大的联系。那么和计算机联系最多的计数方法又是什么呢？

jì suàn jī shǐ yòng de gè zhǒng wù zhì biǎo xiàn chū lái
计算机使用的各种物质表现出来

de zhuàng tài dōu shì liǎng zhǒng jì suàn jī de yùn xíng
的状态都是两种：（1）计算机的运行

yào kào diàn liú yǒu tōng diàn hé duàn diàn liǎng
要靠电流，有“通电”和“断电”两

zhǒng zhuàng tài jì suàn jī xìn xī cún chǔ shǐ yòng de cí
种状态。（2）计算机信息存储使用的磁

pán shàng de měi yī gè jì lù diǎn yě zhǐ yǒu liǎng zhǒng
盘上的每一个记录点也只有两种

zhuàng tài cí huà hé wèi cí huà yòng guāng pán
状态，“磁化”和“未磁化”。（3）用光盘

jì lù xìn xī de shí hòu guāng pán shàng měi yī gè xìn xī
记录信息的时候，光盘上每一个信息

diǎn de zhuàng tài yě zhǐ yǒu āo hé tū liǎng
点的状态也只有“凹”和“凸”两

zhǒng rú guǒ yào jì lù shí jìn wèi zhì de yī wèi shù jiù
种。如果要记录十进位制的一位数，就

huì zào chéng zī yuán hé zī jīn de dà liàng làng fèi yīn cǐ
会造成资源和资金的大量浪费。因此，

shí jìn wèi zhì bù shì hé jì suàn jī gōng zuò nà me jì suàn
十进位制不适合计算机工作。那么计算

jī gāi yòng shén me yàng de jìn wèi zhì ne dāng rán shì èr
机该用什么样的进位制呢？当然是二

jìn wèi zhì
进位制。

èr jìn wèi zhì de jī shù shì xū yào jì shù de jī běn
二进位制的基数是 2，需要记数的基本

fú hào zhī yào liǎng gè hé èr jìn zhì shù de suàn shù yùn
符号只要两个：0 和 1。二进制数的算术运

suàn tè bié jiǎn dān jiā fǎ hé chéng fǎ jǐn gè yǒu tiáo yùn
算特别简单，加法和乘法仅各有 3 条运

suàn guī zé
算规则（$0+0=0$，$0+1=1$，$1+1=2$ 和 $0\times0=0$，$0\times1=0$，

yùn suàn shí bù róng yì chū xiàn cuò wù xiàn zài de
$1\times1=1$），运算时不容易出现错误。现在的

jì suàn jī xì tǒng shǐ yòng de jī běn shàng shì èr jìn zhì xì
计算机系统使用的基本上是二进制系
tǒng jì suàn jī zhōng de èr jìn zhì shì yī gè fēi cháng wēi
统。计算机中的二进制是一个非常微
xiǎo de kāi guān yòng kāi lái biǎo shì guān lái
小的开关，用“开”来表示1，“关”来
biǎo shì
表示0。

suī rán jì suàn jī de fā míng yǔ yìng yòng shì zài shì
虽然计算机的发明与应用是在20世
jì dàn shì zài shì jì dé guó shù xué zhé xué dà shī lái bù
纪，但是在17世纪，德国数学、哲学大师莱布
ní zī jiù fā xiàn le èr jìn
尼兹（Gottfried Wilhelm Leibniz，1646—1716）就发现了二进
zhì lái bù ní zī hái shì yī wèi zhōng guó wén huà de ài hào
制。莱布尼兹还是一位中国文化的爱好
zhě dāng tā dú dào zhōng guó gǔ dài de zhù zuò zhōu yì shí
者，当他读到中国古代的著作《周易》时，
fā xiàn qí zhōng de yīn yáng liǎng gè fú hào gēn tā de èr
发现其中的“阴”“阳”两个符号跟他的二
jìn zhì yǒu xiāng sì de dì fāng yīn cǐ lái bù ní zī rèn wéi èr
进制有相似的地方。因此，莱布尼兹认为：二
jìn zhì yǒu shì jiè pǔ biàn xìng shì fēi cháng wán měi de fā xiàn
进制有世界普遍性，是非常完美的发现。

gēn jù wén zhāng huí dá wèn tí
根据文章回答问题

èr jìn zhì de jī shù shì shén me
1. 二进制的基数是什么？

diàn nǎo de yùn xíng yǒu nǎ liǎng zhǒng zhuàng tài
2. 电脑的运行有哪两种状态？

èr jìn zhì jiā fǎ hé chéng fǎ de sān tiáo yùn suàn guī
3. 二进制加法和乘法的三条运算规
zé shì shén me
则是什么？

课文四　拓展阅读 2

guān yú shù xué de xiǎo gù shì
关于数学的小故事

一

shēng huó zhōng chù chù yǒu shù xué zài shēng huó zhōng
生活中处处有数学。在生活中，
xǔ duō pǔ pǔ tōng tōng háo bù qǐ yǎn de xiǎo shì dōu kě yǐ
许多普普通通、毫不起眼的小事都可以
biàn chéng yī dào dào jì yǒu qù yòu yǐn rén shēn sī de shù
变成一道道既有趣又引人深思的数
xué tí wǒ men jīng cháng zuò de shù xué tí mù jiù shì zài jiě
学题。我们经常做的数学题目，就是在解
jué yī gè gè shēng huó zhōng de wèn tí zhè bù wǒ yòu zài
决一个个生活中的问题。这不，我又在
chī hàn bǎo shí fā xiàn le yī dào yǒu qù de shù xué tí
吃汉堡时发现了一道有趣的数学题：

gè rén chī gè hàn bǎo yòng fēn zhōng chī wán
3个人吃3个汉堡，用3分钟吃完，9
gè rén chī gè hàn bǎo xū yào jǐ fēn zhōng chī wán
个人吃9个汉堡需要几分钟吃完？

píng shí mā ma jīng cháng dài wǒ hé gē ge qù chī hàn
平时，妈妈经常带我和哥哥去吃汉
bǎo wǒ zhǐ zhī dào chī cóng lái méi yǒu xiǎng dào hái kě yǐ
堡，我只知道吃，从来没有想到还可以
biàn chéng shù xué tí lái zuò pèng dào zhè tí jué de zhēn yǒu
变成数学题来做，碰到这题觉得真有
qù gāng kāi shǐ shí wǒ xiǎng gè rén chī gè hàn bǎo yào
趣。刚开始时，我想：3个人吃3个汉堡要
fēn zhōng nà yī gè rén chī yī gè hàn bǎo bù jiù shì yī fēn
3分钟，那一个人吃一个汉堡不就是一分
zhōng jiǔ gè rén chī jiǔ gè hàn bǎo dāng rán shì jiǔ fēn zhōng
钟，九个人吃九个汉堡当然是九分钟
luo zhè yàng xiǎng zhe wǒ xìng fèn jí le gǎn jǐn bǎ dá àn
啰。这样想着，我兴奋极了，赶紧把答案
gào sù mā ma kě mā ma zhòu zhe méi tóu shuō hái zi
告诉妈妈。可妈妈皱着眉头说：“孩子，
yào hǎo hǎo xiǎng xiǎng xiǎng xiǎng wǒ men hé gē ge sān rén
要好好想想，想想我们和哥哥三人
chī hàn bǎo de qíng xíng duō dòng dòng nǎo wǒ tīng le
吃汉堡的情形，多动动脑！”我听了
lèng zhù le gāng cái de dé yì jìn yī xià zǐ méi le jìng xià
愣住了，刚才的得意劲一下子没了，静下
xīn lái zuǒ sī yòu xiǎng tū rán xiǎng dào gè rén chī gè
心来左思右想，突然想到：3个人吃3个
hàn bǎo yòng le fēn zhōng yī gè rén chī yī gè hàn bǎo qí
汉堡用了3分钟，一个人吃一个汉堡其
shí yě shì yòng le fēn zhōng nà jiǔ gè rén chī jiǔ gè hàn
实也是用了3分钟，那九个人吃九个汉
bǎo yě zhǐ yào fēn zhōng wǒ méi yǒu mǎ shàng bǎ dá àn gào
堡也只要3分钟。我没有马上把答案告
sù mā ma yòu fǎn fǎn fù fù de xiǎng le jǐ biàn jué de yīng
诉妈妈，又反反复复地想了几遍，觉得应
gāi méi wèn tí hòu cái bǎ dá àn gào sù mā ma mā ma diǎn
该没问题后才把答案告诉妈妈。妈妈点

diǎn tóu xiào le kuā wǒ shì ài dòng nǎo jīn de hái zǐ tā yòu
点头笑了，夸我是爱动脑筋的孩子，她又
shuō dào shù xué jiù lái zì yú shēng huó zhǐ yào nǐ xì
说道：“数学就来自于生活，只要你细
xīn guān chá jiù yī dìng huì yǒu suǒ shōu huò jiù xiàng chī hàn
心观察，就一定会有所收获，就像吃汉
bǎo yī yàng
堡一样。”

qiáo shēng huó zhōng de yī jiàn xiǎo shì yě néng biàn
瞧，生活中的一件小事也能变
chéng yī dào yǒu qù de shù xué tí shù xué zhēn shì wú chù
成一道有趣的数学题，数学真是无处
bù zài ā ràng wǒ men rè ài shù xué xué hǎo shù xué ba
不在啊！让我们热爱数学，学好数学吧！

二

jīn tiān zǎo shàng mā ma tí chū qù zǐ jīng shān gōng
今天早上，妈妈提出去紫荆山公
yuán wǒ fēi cháng gāo xìng yī bèng sān chǐ gāo hèn bù dé
园，我非常高兴，一蹦三尺高，恨不得
biàn chéng chāo rén lā zhe mā ma yī qǐ fēi dào zǐ jīng shān
变成超人，拉着妈妈一起飞到紫荆山
gōng yuán
公园！

bà ba bǎ wǒ men sòng dào zǐ jīng shān gōng yuán dàn
爸爸把我们送到紫荆山公园，但
bù kěn ràng wǒ men xià chē bà ba yòu shén mì xī xī de duì
不肯让我们下车，爸爸又神秘兮兮地对
wǒ men shuō dá duì wèn tí cái néng xià chē bà ba dé
我们说：“答对问题才能下车，”爸爸得
yì yáng yáng de duì wǒ men shuō jiǎ shè cóng jiā dào zǐ
意洋洋地对我们说：“假设从家到紫

jīng shān gōng yuán yǒu gōng lǐ zuò chū zū chē yuán qǐ
荆山公园有100公里，坐出租车6元起
bù jià zǒu gōng lǐ shèng xià měi gōng lǐ wǔ yuán
步价，走10公里，剩下每10公里五元，
děng hóng lǜ dēng de shí jiān zuì shǎo fēn zhōng yī fēn
等红绿灯的时间最少5分钟，一分
zhōng yuán wèn cóng jiā dào zhè lǐ zhì shǎo huā duō shǎo
钟1.25元，问从家到这里至少花多少
qián wǒ yǎn zhū yī zhuǎn líng jī yī dòng yòng
钱？我眼珠一转，灵机一动。用 $100-10=90$，
yuán yuán
$90\div10=9$，$9\times5=45$（元），$45+6=51$（元），$1.25\times5\approx6.3$
yuán yuán wǒ yǐ suàn chū dá àn jiù pò
（元），$51+6.3=57.3$（元），我已算出答案，就迫
bù jí dài de gào sù le bà ba bà ba tū rán xiàng bèi liú xīng
不及待的告诉了爸爸，爸爸突然像被流星
zá zhe sì de àn rán shén shāng zhǐ hǎo wú nài de ràng wǒ
砸着似的，黯然神伤，只好无奈地让我
men xià chē
们下车。

gāng yī jìn mén jiù lìng wǒ dà chī yī jīng hěn duō rén
刚一进门，就令我大吃一惊，很多人
wéi zài yī gè dì fāng fǎng fú shì zài kāi huì nà yàng yī gè
围在一个地方，仿佛是在开会那样，一个
rén dà hǎn miǎn fèi dá shù xué tí yíng dà jiǎng cóng jiā
人大喊，免费答数学题赢大奖，从1加
dào shì duō shǎo wǒ yī tīng shì shù xué tí jiù xǐ chū
到9999是多少？我一听是数学题，就喜出
wàng wài xìng gāo cǎi liè mā ma yī gè yī gè jiā jiā dào
望外、兴高采烈。妈妈一个一个加，加到238
jiù wàng le wǒ yī xiǎng zhè dá àn jué duì yǒu qiào mén wǒ
就忘了。我一想这答案绝对有窍门，我
yòu jiǎo jìn nǎo zhī de xiǎng zhōng yú zuò chū le zhè dào tí
又绞尽脑汁地想，终于做出了这道题。

$$(1+9999)\times 4999+5000$$
$$=10000\times 4999+5000$$
$$=49990000+5000$$
$$=49995000$$

wǒ lì kè shuō chū dá àn hé wǒ de xiǎng fǎ tā jī dòng
我立刻说出答案和我的想法，他激动
de shuō zhè wèi xiǎo péng yǒu dá duì le dà jiā yòng
地说：“这位小朋友答对了！”大家用
xiàn mù de yǎn guāng kàn zhe wǒ mā ma shuō zhēn bàng
羡慕的眼光看着我，妈妈说：“真棒，
wáng shù xué
王数学！”

shēng huó chù chù yǒu shù xué zhǐ yào nǐ liú xīn guān chá
生活处处有数学，只要你留心观察
jiù néng fā xiàn
就能发现！

zī liào lái yuán bǎi dù wén kù
（资料来源：百度文库）

第四单元

课文一　微积分

“**微积分**”非常重要。不论你将来做什么工作，都需要学习“微积分”。在中学学习的数学的每一课，都是为学习微积分做准备的，微积分也是大学数学课的基础。在一些简单数学题目中，我们可以不用微积分。但是在复杂的数学题目中，我们一定要用微积分。微积分学的**创立**，极大地**推动**了数学的发展，很多用初等数学不能**解决**的问题，用微积分就能容易地解决。

积分的思想早在古代就已经产生了。但微积分成为一门**学科**，是在 17 世纪。微积分主要解决四种问题：（1）**运动**中**速度**与**距离**的问题；（2）**求曲线**的**切线**问题；（3）求最大**值**和最小值问题；（4）求曲线长、曲线围成的面积、曲面围成的**体积**、物体的**重心**、一个体积很大的物体与另外一个物体的**引力**等问题。为了解决这四种问题，微积分被 17 世纪几十个科学家研究过。一般认为，微积分的创立者是牛顿（Newton）和莱布尼兹（Leibniz）。一门学科的创立不是一个人的成绩，而是许多人努力后完成的，微积分也是这样。

（资料来源：黄家琪，《超级高中数理化生公式定理大全》，上海世界图书出版公司，2009 年 9 月，有删改）

生词

微积分	wēijīfēn	calculus
创立	chuànglì	found
推动	tuīdòng	promote
解决	jiějué	solve
学科	xuékē	subject
运动	yùndòng	motion
速度	sùdù	speed
距离	jùlí	distance
求	qiú	evaluate
曲线	qūxiàn	curve
切线	qiēxiàn	tangent
值	zhí	value
体积	tǐjī	volume
重心	zhòngxīn	center of gravity
引力	yǐnlì	gravitation

语法

求。

例：求解、求和。

例：求曲线的切线问题。

练习

一、根据拼音写词语。

yǐnlì（　　） qūxiàn（　　） jùlí（　　） sùdù（　　） wēijīfēn（　　）

zhòngxīn（　　） tǐjī（　　） chuànglì（　　） xuékē（　　）

二、根据课文内容填空。

1. 微积分成为一门学科，是在____________。
2. 微积分学的____________，极大地推动了数学的发展。
3. 微积分主要解决____________问题。
4. 一门____________的创立不是一个人的成绩。

三、查《新华字典》和《现代汉语词典》，找出与“求”相关的词语并造句。

课文二　函　数

函数，又叫**方程**，指一个量随着另一个量的变化而变化，或者说一个量中包含另一个量。

传统函数认为：在一个变化过程中，假设有两个**变量** x、y，如果对于**任意**一个 x 都有**唯一**确定的一个 y **和**它**对应**，那么就称 y 是 x 的函数，其中 x 是**自变量**，y 是**因变量**，x 的取值范围叫作这个函数的**定义域**，相应 y 的取值范围叫作函数的**值域**。

近代函数认为：假设 A、B 是非空的数集，如果按照某种确定的对应关系 f，使对于集合 A 中的任意一个数 x，在集合 B 中都有唯一确定的数 y 和它对应，那么就称 f：A→B 是从集合 A 到集合 B 的一个函数，写为“$y=f(x)$，$x\in$ A”（$\in$读作“**属于**”）或 $f(A)=\{y|f(x)=y, y\in B\}$。

其中 x 叫作自变量，y 叫因变量，集合 A 叫作函数的定义域，与 x 对应的 y 叫作函数值，函数值的集合 $\{f(x)|x\in A\}$ 叫作函数的值域。

定义域、值域、对应法则称为函数的三要素。一般书写为 $y=f(x)$，$x\in$ D。

最简单的函数是**一次函数**。$y=kx+b$（k、b 是常数，$k\neq 0$），这样的函数叫作一次函数。其中 x 是自变量，y 是因变量，k 为一次项系数，y 是 x 的函数。一次函数的图像是一条直线。

二次函数（quadratic function）的基本表示形式为 $y=ax^2+bx+c$（$a\neq 0$）。二次函数最高次必须是二次，二次函数的图像是一条**抛物线**，它的**对称轴**与 y 轴平行或者跟 y 轴重合。

（资料来源：百度百科）

生词

函数	hánshù	function
方程	fāngchéng	equation
变量	biànliàng	variable
任意	rènyì	any

唯一	wéiyī	only
和……对应	hé……duìyìng	correspond to
自变量	zìbiànliàng	independent variable
因变量	yīnbiànliàng	dependent variable
定义域	dìngyìyù	domain
值域	zhíyù	range
属于	shǔyú	belong to
一次函数	yīcì hánshù	primary function
二次函数	èrcì hánshù	quadratic function
抛物线	pāowùxiàn	parabola
对称轴	duìchènzhóu	symmetric axis

语法点

和（跟、与）……对应

例：古代中国人常说，天上的星星和（跟/与）地上的人对应，天上有一颗星，地上有一个人。

练习

一、根据拼音写词语。

duìchènzhóu	pāowùxiàn	zhíyù	dìngyìyù
（　　　　）	（　　　　）	（　　）	（　　　）

zìbiànliàng　　yīnbiànliàng　　rènyì　　hánshù
(　　　)　　(　　　)　　(　　)　　(　　)

二、根据课文内容填空。

1. ________又叫方程。

2. 最简单的函数是__________函数。

3. __________函数最高次必须是二次。

4. __________函数的图像是一条抛物线。

三、用"和（跟、与）……对应"造句。

课文三　拓展阅读课文

gē dé bā hè cāi xiǎng
哥德巴赫猜想

nián yuè rì dé guó shù xué jiā gē dé bā hè gěi
1742 年 6 月 7 日，德 国 数 学 家 哥 德 巴 赫 给
dà shù xué jiā ōu lā xiě le yī fēng xìn tí chū bǎ zì rán shù
大 数 学 家 欧 拉 写 了 一 封 信，提 出 把 自 然 数
biǎo shì chéng zhì shù yòu jiào sù shù zhī hé de cāi
表 示 成 质 数（又 叫 "素 数"）之 和 的 猜
xiǎng rén men bǎ tā men xìn de nèi róng guī nà wéi liǎng diǎn
想。人 们 把 他 们 信 的 内 容 归 纳 为 两 点：

rèn hé yī gè dà yú děng yú de ǒu shù dōu
（1）任 何 一 个 ≥ 6（大 于 等 于 6）的 偶 数 都
kě xiě chéng liǎng gè jī zhì shù zhī hé lì rú
可 写 成 两 个 奇 质 数 之 和。例 如，6 = 3+3，8 = 5+3，
100 = 3+97，…

rèn hé dà yú děng yú de jī shù dōu kě xiě
（2）任 何 ≥ 9（大 于 等 于 9）的 奇 数 都 可 写

chéng sān gè jī zhì shù zhī hé lì rú
成三个奇质数之和，例如，9 = 3+3+3，15 = 3+7+5，99 = 3+7+89，…

zhè jiù shì zhù míng de gē dé bā hè cāi xiǎng wèi le jiě
这就是著名的哥德巴赫猜想。为了解
jué zhè gè wèn tí jiù yào jiǎn yàn měi gè zì rán shù dōu chéng
决这个问题，就要检验每个自然数都成
lì yóu yú zì rán shù yǒu wú xiàn duō gè suǒ yǐ yī yī yàn
立。由于自然数有无限多个，所以一一验
zhèng shì bù kě néng de yīn cǐ rén men rèn wéi gē dé bā
证是不可能的，因此，人们认为，哥德巴
hè cāi xiǎng de kùn nán chéng dù kě yǐ hé rèn hé méi yǒu jiě
赫猜想的困难程度可以和任何没有解
jué de shù xué wèn tí xiāng děng tā bèi kàn zuò shì shì jiè jìn
决的数学问题相等，它被看作是世界近
dài sān dà shù xué nán tí zhī yī cóng nián dào xiàn zài
代三大数学难题之一。从1742年到现在

duō nián lái rén men duì gē dé bā hè cāi xiǎng nán tí de
200多年来，人们对哥德巴赫猜想难题的
rè qíng yī zhí bù duàn gē dé bā hè cāi xiǎng yě xī yǐn le wú
热情一直不断，哥德巴赫猜想也吸引了无
shù de shù xué jiā wèi zhī nǔ lì qǔ dé le bù shǎo chéng guǒ
数的数学家为之努力，取得了不少成果。
suī rán zhì jīn méi yǒu zuì hòu zhèng míng gē dé bā hè cāi
虽然至今没有最后证明哥德巴赫猜
xiǎng dàn zài zhèng míng guò chéng zhōng chǎn shēng de shù
想，但在证明过程中产生的数
xué fāng fǎ tuī dòng le shù xué de fā zhǎn
学方法，推动了数学的发展。

nián nuó wēi shù xué jiā bù lǎng yòng yī zhǒng gǔ lǎo
1920年挪威数学家布朗用一种古老
de shāi xuǎn fǎ zhèng míng dé chū le yī gè jié lùn měi yī
的筛选法证明，得出了一个结论：每一

gè bǐ dà de ǒu shù dōu kě yǐ biǎo shì wéi jí jiǔ
个比6大的偶数都可以表示为（9+9），即九
gè zhì shù de jī jiā shàng jiǔ gè zhì shù de jī zhè zhǒng suō
个质数的积加上九个质数的积。这种缩
xiǎo fàn wéi de bàn fǎ hěn yǒu yòng kē xué jiā men yú shì
小范围的办法很有用，科学家们于是
cóng kāi shǐ zhú bù jiǎn shǎo měi gè shù lǐ suǒ hán zhì
从（9+9）开始，逐步减少每个数里所含质
shù yīn zǐ de gè shù zhí dào zuì hòu shǐ měi gè shù lǐ dōu
数因子的个数，直到最后使每个数里都
shì yī gè zhì shù wéi zhǐ zhè yàng jiù zhèng míng le gē dé bā
是一个质数为止，这样就证明了哥德巴
hè cāi xiǎng shù xué jiā men jīng guò xǔ duō kùn nán xiān hòu
赫猜想。数学家们经过许多困难，先后
yǐ zhèng míng le
已证明了（9+9）、（7+7）、（6+6）、（5+5）……（1+5）、（1+4）、
dào nián zhōng guó shù xué jiā chén jǐng rùn zhèng
（1+3）。到1966年中国数学家陈景润证
míng le jí rèn hé yī gè dà ǒu shù dōu kě yǐ biǎo shì
明了（1+2），即任何一个大偶数都可以表示
chéng yī gè sù shù yǔ lìng yī gè sù yīn zǐ bù chāo guò gè
成一个素数与另一个素因子不超过2个
de shù zhī hé zhè bèi jiào zuò chén shì dìng lǐ chén shì
的数之和，这被叫做“陈氏定理”。“陈氏
dìng lǐ lí gē dé bā hè cāi xiǎng zhǐ yǒu yī bù le
定理”离哥德巴赫猜想（1+1）只有一步了，
shì mù qián zuì hǎo de chéng guǒ dàn zhè yī bù réng rán shì
是目前最好的成果。但这一步仍然是
shí fēn jiān nán de gē dé bā hè cāi xiǎng réng rán shì
十分艰难的，哥德巴赫猜想（1+1）仍然是
yī gè méi yǒu jiě jué de shù xué wèn tí
一个没有解决的数学问题。

zī liào lái yuán bǎi dù wén kù
（资料来源：百度文库）

gēn jù wén zhāng huí dá wèn tí
根据文章回答问题

nǐ zhī qián shì fǒu tīng shuō guò gē dé bā hè cāi xiǎng
1. 你之前是否听说过哥德巴赫猜想？
rú yǒu qǐng yòng zì jǐ de huà tán yī tán
如有，请用自己的话谈一谈。

dú guò zhè piān wén zhāng zhī hòu qǐng nǐ zài tán tán
2. 读过这篇文章之后，请你再谈谈
nǐ duì gē dé bā hè cāi xiǎng de rèn shí
你对哥德巴赫猜想的认识。

nián nuó wēi shù xué jiā bù lǎng yòng shāi xuǎn fǎ
3. 1920年挪威数学家布朗用筛选法
dé chū le yī gè zěn yàng de jié lùn
得出了一个怎样的结论？

课文四　拓展阅读 2

wǒ yǔ shù xué
我与数学

wǒ fēi cháng xǐ huān kàn lǐ yù pèi yé ye xiě de shù xué
我非常喜欢看李毓佩爷爷写的数学
shū yī běn shù xué sī lìng ràng wǒ kàn de jīn jīn yǒu wèi
书。一本《数学司令》让我看得津津有味，
yī běn shù xué xī yóu jì ràng wǒ huí wèi wú qióng yī běn
一本《数学西游记》让我回味无穷，一本
shù xué dòng wù yuán ràng wǒ shǒu bù shì juàn ér zhè běn
《数学动物园》让我手不释卷，而这本
shù xué wáng guó lì xiǎn jì ràng wǒ fèi qǐn wàng shí
《数学王国历险记》让我废寝忘食。

zhǔ rén gōng dīng ding shù xué xué de hěn hǎo tā bèi yāo
主人公丁丁数学学得很好，他被邀

qǐng dào wān wān rào wáng guó zuò kè tā de péng yǒu xiǎo bèi
请到弯弯绕王国做客，他的朋友小贝

yě xiǎng qù yú shì tā men jiù yī qǐ lái dào le wān wān rào
也想去，于是他们就一起来到了弯弯绕

wáng guó zài zhè lǐ tā men qù le chōng mǎn wēi xiǎn de shù
王国。在这里他们去了充满危险的数

xué gōng kě pà de yě shēng dòng wù yuán dǎ le yǒu qù de
学宫、可怕的野生动物园，打了有趣的

shù xué lèi tái hái bèi xiǎo tōu gěi piàn le yī cì zài zhè
数学擂台，还被“小偷”给骗了一次。在这

gè guò chéng zhōng shù xué bù hǎo de xiǎo bèi yù dào le hěn
个过程中，数学不好的小贝遇到了很

duō kùn nán zài kè fú kùn nán de tóng shí tā yě ài shàng le
多困难，在克服困难的同时，他也爱上了

shù xué bìng tí gāo le zì jǐ de shù xué chéng jì
数学，并提高了自己的数学成绩。

yǐ qián wǒ zǒng shì jué de zì jǐ de shù xué xué de tǐng
以前，我总是觉得自己的数学学得挺

hǎo de kě shì kàn le zhè běn shū yǐ hòu wǒ jué de zì jǐ de
好的，可是看了这本书以后，我觉得自己的

shù xué xué de qí shí bìng bù hǎo yīn wèi shū zhōng xǔ duō
数学学得其实并不好，因为书中许多

de shù xué tí wǒ dōu bù huì zuò jiù suàn kàn le jiě dá yǔ fēn
的数学题我都不会做，就算看了解答与分

xī yě lǐ jiě de bù shì hěn tòu chè ér zài màn màn bǎ zhè xiē
析也理解得不是很透彻。而在慢慢把这些

tí nòng dǒng de tóng shí wǒ yě xué le hěn duō zhī shí yǒu
题弄懂的同时，我也学了很多知识：有

bǐ jiào nán de zhǎo guī lǜ yǒu ràng wǒ jué de hěn fāng biàn de
比较难的找规律，有让我觉得很方便的

èr jìn zhì hé shí jìn zhì yǒu rén shēn shàng de huáng jīn bǐ
二进制和十进制，有人身上的黄金比
lì hái yǒu ràng wǒ jué de hěn nán de yuán zhōu lǜ zhè xiē zhī
例，还有让我觉得很难的圆周率这些知
shí tōng guò zhè běn shū wǒ shēn rù de liǎo jiě le shù xué
识。通过这本书，我深入地了解了数学，
bìng zhēn zhèng rèn shí dào shù xué shì yī mén jīng zhì yòu yǒu
并真正认识到数学是一门精致又有
qù de xué kē
趣的学科。

zài shēng huó zhōng chù chù dōu yǒu shù xué mǎi cài shí
在生活中，处处都有数学。买菜时，
gěi qián yòu zhǎo qián shì shù xué jiǎn zhǐ shí zhǐ de dà xiǎo
给钱又找钱是数学；剪纸时，纸的大小
hé miàn jī shì shù xué chī fàn shí bǎ shí wù píng jūn fēn pèi
和面积是数学；吃饭时，把食物平均分配
gěi měi gè rén shì shù xué jì dé wǒ dì yī cì mǎi cài shí yī
给每个人是数学。记得我第一次买菜时，一
biān tiāo zhe zì jǐ hé fù mǔ ài chī de cài yī biān yòng xīn
边挑着自己和父母爱吃的菜，一边用心
de suàn zhe zhàng zuì hòu yī bǐ qián yě méi yǒu zhǎo cuò nà
地算着账，最后一笔钱也没有找错；那
cì wǒ zì jǐ ná zhe qián qù chāo shì hěn hǎo de lì yòng le
次我自己拿着钱去超市，很好地利用了
qián mǎi lái le yòu duō yòu hǎo de dōng xī hái yǒu yī cì wǒ
钱，买来了又多又好的东西；还有一次我
men qù dǎ dī wǒ yòng sì shě wǔ rù de fāng fǎ fā xiàn sī jī
们去打的，我用四舍五入的方法发现司机
shū shū duō yào le yī kuài qián xué hǎo le shù xué zhēn
叔叔多要了一块钱……学好了数学，真
shì tài fāng biàn le
是太方便了！

zài shēng huó zhōng shù xué zhēn shì yī gè bì bù kě shǎo
在生活中，数学真是一个必不可少
de hǎo péng yǒu wǒ ài shù xué yǐ hòu wǒ huì nǔ lì bǎ shù
的好朋友，我爱数学，以后我会努力把数
xué xué de bàng bàng de
学学得棒棒的！

guó qìng cháng jià qī jiān wǒ men yī jiā rén lái dào le huá
国庆长假期间，我们一家人来到了华
lián shāng shà shǒu xiān wǒ men xiān qù gěi bà ba mǎi yī fú
联商厦。首先，我们先去给爸爸买衣服，
bà ba tiāo le yī jiàn tā tè bié xǐ huān de yī fú zhèng hǎo
爸爸挑了一件他特别喜欢的衣服，正好
guó qìng qī jiān tè jià dǎ bā zhé bà ba wèn wǒ yī jiàn yī
国庆期间特价打八折。爸爸问我，一件衣
fú de jià qián shì yuán dǎ bā zhé xiāng dāng yú yī fú de
服的价钱是150元，打八折相当于衣服的
jià qián chéng yǐ nǐ zhī dào yī jiàn yī fú duō shǎo qián
价钱乘以0.8，你知道一件衣服多少钱
ma wǒ xiǎng chéng yǐ bù rú jiāng chú yǐ děng
吗？我想：150乘以0.8，不如将150除以10等
yú chéng yǐ děng yú zài xiāng chéng chéng yǐ
于15，0.8乘以10等于8，再相乘，15乘以
děng yú yuán jié guǒ dé yuán wǒ gāo xìng de duì
8等于120元，结果得120元，我高兴地对
bà ba shuō shì yuán bà ba wèn wèi shén me ne
爸爸说："是120元！"爸爸问："为什么呢？"
wǒ biàn bǎ wèn tí jiě dá de guò chéng gào sù le bà ba bà
我便把问题解答的过程告诉了爸爸，爸
ba shuō duì hái yǒu yī zhǒng fāng fǎ jiù shì jiāng chéng
爸说："对，还有一种方法就是将0.8乘10，
chéng děng yú zài diǎn shàng yī wèi xiǎo shù diǎn
150乘8等于1200，再点上一位小数点
jiù chéng le
就成了120。"

mǎi wán yī fú wǒ men jiù lái dào le dì shàng chāo shì bà
买完衣服，我们就来到了地上超市，爸

ba duì wǒ shuō shāng diàn nǎi zhì pǐn zhèng zài zuò cù xiāo huó
爸对我说：“商店奶制品正在做促销活

dòng mǎi èr zèng yī rú guǒ mǎi liǎng xiāng xiāng dāng yú dǎ
动，买二赠一，如果买两箱，相当于打

jǐ zhé ne wǒ shuō ràng wǒ suàn yī suàn wǒ xiǎng bàn
几折呢？”我说：“让我算一算。”我想半

tiān yě xiǎng bù chū lái zhǐ hǎo wèn bà ba bà ba shì zhè yàng
天也想不出来，只好问爸爸，爸爸是这样

jiě dá de mǎi èr zèng yī jiù shì huā liǎng xiāng niú nǎi de qián
解答的：“买二赠一就是花两箱牛奶的钱

mǎi sān xiāng niú nǎi yī xiāng yuán jiù xiāng dāng yú huā
买三箱牛奶。一箱50元，就相当于花

yuán de qián mǎi le yuán de niú nǎi nà ná chú yǐ
100元的钱买了150元的牛奶，那拿100除以

jiù xiāng dāng yú dǎ de zhé shù chú yǐ yuē děng
150就相当于打的折数，100除以150约等

yú jié guǒ zài dào zhé zhī jiān nǐ míng bái le
于0.66，结果在6.5到7折之间，你明白了

ma wǒ shuō ō yuán lái shì zhè yàng de wǒ xiàn zài míng
吗？”我说：“噢，原来是这样的，我现在明

bái le
白了！”

zài huí jiā de tú zhōng wǒ yě fā xiàn le xǔ duō shēng
在回家的途中，我也发现了许多生

huó zhōng de shù xué lì rú lóu céng de gāo dù guǎng
活中的数学，例如：楼层的高度，广

chǎng de miàn jī tài yáng néng rè shuǐ qì de róng shuǐ liàng
场的面积，太阳能热水器的容水量

děng
等。

zhè jiù shì wǒ zài shēng huó zhōng de shù xué fā xiàn wǒ
这就是我在生活中的数学发现，我
xiāng xìn hái yǒu gèng duō de shù xué wèn tí zài qián fāng
相信，还有更多的数学问题在前方
děng dài zhe wǒ men
等待着我们！

zī liào lái yuán bǎi dù wén kù
（资料来源：百度文库）

第五单元

课文一　几　何

几何，就是研究**空间**结构和**性质**的一门学科。它是数学中最基本的研究内容之一，与**分析**、代数等**具有**同样重要的**地位**，并且关系极其**密切**。

几何这个词最早来自希腊语（Greek），由“土地”和“**测量**”两个词组成，指土地的测量。后来，拉丁语的几何是“geometria”。而中文中的“几何”一词，是在400年前翻译《几何原本》时确定的。

大约公元前3000年，人类就开始运用几何知识。早期的几何学是关于长度、角度、面积和体积的简单计算，被用于**测绘**、建筑，天文和各种工艺制作。古埃及（Egypt）人和古巴比伦（Babylon）人，都在古希腊（Greece）数学家毕达哥拉斯（Pythagoras）之前1500年就知道了毕达哥拉斯定理（中国人称“勾股定理”）；埃及人有计算方形**棱锥**、锥台的体积**公式**；而巴比伦（Babylon）有**三角函数**表。

最早的几何学是平面几何。平面几何，就是研究平面上的直线和二次曲线（即圆锥曲线，就是椭圆、双曲线和抛物线）的几何结构和性质，包括面积、长度、角度。平面几何在数学思想史上具有重要的意义。

然后，从平面几何发展到了**三维**空间的立体几何。为了计算体积和面积问题，人们**实际上**已经开始有微积分的最初**概念**了。

生词

几何	jǐhé	geometry
空间	kōngjiān	space
性质	xìngzhì	property
分析	fēnxī	analysis
具有	jùyǒu	have
地位	dìwèi	status
密切	mìqiè	close
测量	cèliáng	measure
测绘	cèhuì	mapping
棱锥	léngzhuī	pyramid
公式	gōngshì	formula
三角函数	sānjiǎo hánshù	trigonometric function
三维	sānwéi	three-dimensional
实际上	shíjìshàng	actually
概念	gàiniàn	concept

语法点

具有……地位

例：听说和阅读具有同样的地位。

练习

一、根据拼音写词语。

gàiniàn ( ) shíjìshàng ( ) sānjiǎo hánshù ( ) gōngshì ( )

jǐhé ( ) kōngjiān ( ) dìwèi ( ) jùyǒu ( ) mìqiè ( )

二、用所给词语组成句子。

1. 学科 几何 研究 空间 结构 和 就是 的 一门 性质

2. 地位 与 几何 等 代数 分析 同样 重要 的 具有

3. 公元前 3000年 大约 人类 就 开始 知识 几何 运用

4. 确定 中 的 “几何” 一词 中文 在 400年 前 是 的

三、用“具有……地位”造句。

课文二　三角函数

三角函数是六类基本初等函数之一。

三角函数是以角度为自变量，角度对应的**终边**与单位圆交点坐标或其**比值**为因变量的函数。三角函数在研究三角形和圆等几何图形的性质时有重要作用，也是研究**周期性**现象的基础数学工具。

最早对三角函数进行研究的，是古巴比伦人和古希腊人。他们把圆周分为 360 等份，给出了最早的三角函数数值表。公元 5 世纪到 12 世纪，印度数学家对三角学做出了较大的**贡献**。**尽管**当时三角学仍然是天文学的一个计算工具，地位不高，但是印度数学家们的努力却大大地丰富了三角学的内容。三角学中“**正弦**”和“**余弦**”的概念就是由印度数学家首先**引进**的。然后，阿拉伯天文学家引入了正切和余切、正割和余割的概念。到了公元 14 世纪，阿拉伯人重新用算术方式进行三角计算，为后来三角学从天文学中独立出来，成为有更**广泛**应用的学科打下了基础。三角学是在 17 世纪**传入**中国的。

常见的三角函数包括正弦函数、余弦函数和**正切**函数。

正弦函数：在 Rt$\triangle ABC$（直角三角形 ABC）中，$\angle C = 90°$，AB 是 $\angle C$ 的对边 c，BC 是 $\angle A$ 的对边 a，AC 是 $\angle B$ 的对边 b。$\angle A$ 的正弦是它的对边 a 比三角形的斜边 c，即 $\sin A = a/c$，或 $\sin A = BC/AB$。正弦函数：$f(x) = \sin x (x \in R)$（R 是**实数**）。

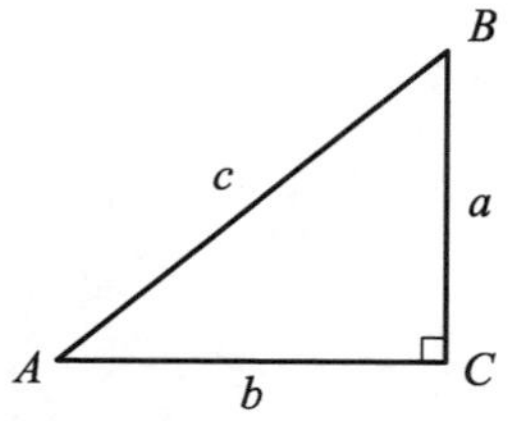

$\angle C=90°$　$a^2+b^2=c^2$

余弦函数：在 Rt$\triangle ABC$（直角三角形）中，$\angle C = 90°$，$\angle A$ 的余弦是它的邻边 b 比三角形的斜边 c，即 $\cos A = b/c$，或 $\cos a = AC/AB$。余弦函数：$f(x) = \cos x(x \in \mathrm{R})$。

正切函数：在 Rt$\triangle ABC$（直角三角形）中，$\angle C = 90°$，$\angle A$ 的正切是对边 a 与邻边 b 的比值，即 $\tan\mathrm{A} = a/b$，或 $\tan A = BC/AC$。正切函数：$f(x) = \tan x(x \in \mathrm{R})$。

生词

终边	zhōngbiān	terminal side
比值	bǐzhí	ratio
周期性	zhōuqīxìng	periodicity
贡献	gòngxiàn	contribution
尽管	jǐnguǎn	although
正弦	zhèngxián	sine
余弦	yúxián	cosine
引进	yǐnjìn	introduce
广泛	guǎngfàn	widely

传入	chuánrù	be introduced to
正切	zhèngqiē	tangent
实数	shíshù	real number

语法点

1. 尽管……，仍然……

例：尽管你的听说能力有了很大提高，仍然需要努力。

2. 之一

例：三角函数是六类基本初等函数之一。

3. 是……的

例：三角学是在17世纪传入中国的。

练习

一、根据拼音写出汉字。

zhōngbiān（　　）　bǐzhí（　　）　zìbiànliàng（　　）　yīnbiànliàng（　　）　zhèngxián（　　）

yúxián（　　）　zhèngqiē（　　）　guǎngfàn（　　）　chuánrù（　　）　zhōuqīxìng（　　）

二、根据文章内容判断正误。

1. 三角函数是六类基本初等函数之一。（　　）

2. 最早对三角函数进行研究的，是古巴比伦人和古希腊人。（　　）

3. 三角学中“正弦”和“余弦”的概念是由印度数学家首先引进的。(　　)

4. 三角学是在20世纪传入中国的。(　　)

5. 常见的三角函数包括正弦函数、余弦函数和正切函数。(　　)

四、用“尽管……，仍然”“是……的”和“之一”分别造句。

课文三　拓展阅读1

jiǔ zhāng suàn shù yǔ jǐ hé yuán běn
《九章算术》与《几何原本》

jiǔ zhāng suàn shù shì zhōng guó gǔ dài dì yī bù shù xué
《九章算术》是中国古代第一部数学
zhù zuò dà gài chū xiàn yú gōng yuán yī shì jì jù jīn yǐ jīng
著作，大概出现于公元一世纪，距今已经
dà yuē nián le jiǔ zhāng suàn shù de nèi róng shí fēn
大约1900年了。《九章算术》的内容十分
fēng fù xì tǒng de zǒng jié le yǐ qián de shù xué chéng jiù
丰富，系统地总结了以前的数学成就。

dì yī zhāng zhǔ yào jiǎng shù le píng miàn jǐ hé tú
第一章：主要讲述了平面几何图
xíng miàn jī de jì suàn fāng fǎ bāo kuò cháng fāng xíng děng
形面积的计算方法。包括长方形、等
yāo sān jiǎo xíng zhí jiǎo tī xíng děng yāo tī xíng yuán xíng
腰三角形、直角梯形、等腰梯形、圆形、
shàn xíng gōng xíng yuán huán zhè bā zhǒng tú xíng miàn jī
扇形、弓形、圆环这八种图形面积

de jì suàn fāng fǎ lìng wài hái xì tǒng de jiǎng shù le fēn
的计算方法。另外还系统地讲述了分
shù de sì zé yùn suàn fǎ zé yǐ jí qiú fēn zǐ fēn mǔ zuì dà
数的四则运算法则，以及求分子、分母最大
gōng yuē shù děng fāng fǎ
公约数等方法。

dì èr zhāng tí chū bǐ lì suàn fǎ
第二章：提出比例算法。

dì sān zhāng jiǎng shù bǐ lì fēn pèi wèn tí
第三章：讲述比例分配问题。

dì sì zhāng jiǎng shù yǐ zhī miàn jī tǐ jī fǎn qiú qí
第四章：讲述已知面积、体积，反求其
yī biān cháng hé jìng cháng yuán de zhí jìng bàn jìng děng
一边长和径长（圆的直径、半径）等；
jiè shào le kāi píng fāng kāi lì fāng de fāng fǎ
介绍了开平方、开立方的方法。

dì wǔ zhāng jiè shào tǔ shí gōng chéng tǐ jī jì suàn
第五章：介绍土石工程、体积计算，
gěi chū le gè zhǒng lì tǐ tǐ jī gōng shì
给出了各种立体体积公式。

dì liù zhāng jiè shào le zhèng fǎn bǐ lì bǐ lì fēn pèi
第六章：介绍了正反比例、比例分配、
fù bǐ lì lián suǒ bǐ lì zài nèi de zhěng tào bǐ lì lǐ lùn xī
复比例、连锁比例在内的整套比例理论。西
fāng zhí dào shì jì mò yǐ hòu cái xíng chéng lèi sì de quán
方直到15世纪末以后才形成类似的全
tào fāng fǎ
套方法。

dì qī zhāng jiè shào yíng bù zú suàn fǎ xū yào
第七章：介绍“盈不足”，算法需要
gěi chū liǎng cì jiǎ shè zhè shì yī xiàng chuàng zào chuán dào
给出两次假设，这是一项创造，传到
xī fāng hòu yǐng xiǎng jí dà zhōng shì jì ōu zhōu chēng tā
西方后，影响极大。中世纪欧洲称它

wéi shuāng shè fǎ
为“双设法”。

dì bā zhāng jiè shào le yī cì fāng chéng zǔ wèn tí cǎi
第八章：介绍了一次方程组问题，采
yòng fēn lí xì shù de fāng fǎ biǎo shì xiàn xìng fāng chéng zǔ
用分离系数的方法表示线性方程组。
zhè shì shì jiè shàng zuì zǎo de wán zhěng de xiàn xìng fāng
这是世界上最早的完整的线性方
chéng zǔ de jiě fǎ zài xī fāng zhí dào shì jì cái yóu lái
程组的解法。在西方，直到17世纪才由莱
bù ní zī tí chū wán zhěng de xiàn xìng fāng chéng zǔ de jiě
布尼兹提出完整的线性方程组的解
fǎ fǎ zé zhè yī zhāng hái yǐn jìn hé shǐ yòng le fù shù bìng
法法则。这一章还引进和使用了负数，并
tí chū le zhèng fù shù de jiā jiǎn fǎ zé zhè shì shì jiè shù
提出了正负数的加减法则。这是世界数
xué shǐ shàng yī xiàng zhòng dà de chéng jiù dì yī cì tū pò
学史上一项重大的成就，第一次突破
le zhèng shù de fàn wéi zài wài guó dào qī shì jì yìn dù rén
了正数的范围。在外国，到七世纪印度人
cái rèn shí fù shù
才认识负数。

dì jiǔ zhāng jiè shào le gōu gǔ dìng lǐ zhōng guó
第九章：介绍了“勾股定理”。中国
gǔ dài chēng zhí jiǎo sān jiǎo xíng wéi gōu gǔ xíng bìng qiě zhí
古代称直角三角形为勾股形，并且直
jiǎo biān zhōng jiào xiǎo biān jiào gōu lìng yī zhí jiǎo biān wéi
角边中较小边叫勾，另一直角边为
gǔ xié biān wéi xián suǒ yǐ chēng zhè gè dìng lǐ wéi gōu gǔ
股，斜边为弦，所以称这个定理为勾股
dìng lǐ gōu sān gǔ sì xián wǔ shì gōu
定理。“勾三，股四，弦五”（$a^2+b^2=c^2$）是勾
gǔ dìng lǐ de yī gè zuì zhù míng de lì zi zài xī fāng bì
股定理的一个最著名的例子。在西方，毕

dá gē lā sī dìng lǐ bǐ jiǔ zhāng suàn shù wǎn yuē gè
达哥拉斯定理比《九章算术》晚约3个
shì jì
世纪。

nián qián xī fāng rén hé zhōng guó rén yī qǐ fān yì
400年前，西方人和中国人一起翻译
le ōu jǐ lǐ dé de jǐ hé yuán běn xiàng zhōng guó rén jiè
了欧几里得的《几何原本》，向中国人介
shào le xī fāng shù xué zhōng de luó jí tǐ xì jí dà de yǐng
绍了西方数学中的逻辑体系，极大地影
xiǎng le zhōng guó yuán yǒu de shù xué xué xí hé yán jiū de xí
响了中国原有的数学学习和研究的习
guàn gǎi biàn le zhōng guó shù xué fā zhǎn de fāng xiàng yīn
惯，改变了中国数学发展的方向，因
ér jǐ hé yuán běn de fān yì shì zhōng guó shù xué shǐ
而，《几何原本》的翻译是中国数学史
shàng de yī jiàn dà shì
上的一件大事。

gēn jù wén zhāng huí dá wèn tí
根据文章回答问题

jiǔ zhāng suàn shù chū xiàn de shí jiān jí chéng jiù
1.《九章算术》出现的时间及成就。

jiǔ zhāng suàn shù gè zhāng de nèi róng gài kuò
2.《九章算术》各章的内容概括。

gōu gǔ dìng lǐ rú hé yùn yòng xiě chū qí biǎo dá
3. 勾股定理如何运用？写出其表达
shì bìng jǔ gè lì zi
式（formula）并举个例子（example）。

课文四　拓展阅读 2

gāo děng shù xué de tè diǎn
高等数学的特点

gāo děng shù xué zhǐ xiāng duì yú chū děng shù xué ér
高等数学指相对于初等数学而
yán shù xué de duì xiàng jí fāng fǎ jiào wéi fán zá de yī bù
言，数学的对象及方法较为繁杂的一部
fen yī bān rèn wéi shì jì yǐ qián fā zhǎn qǐ lái de gè
分。一般认为，16世纪以前发展起来的各
gè shù xué xué kē dōu shì shǔ yú chū děng shù xué de fàn
个数学学科都是属于初等数学的范
chóu bāo kuò jǐ hé dài shù děng ér shì jì yǐ hòu jiàn
畴，包括几何、代数等；而17世纪以后建
lì de shù xué xué kē jī běn shàng dōu shì gāo děng shù xué
立的数学学科基本上都是高等数学
de nèi róng tōng cháng rèn wéi gāo děng shù xué shì yóu wēi
的内容。通常认为，高等数学是由微
jī fēn xué jiào shēn rù de dài shù xué jǐ hé xué yǐ jí tā
积分学、较深入的代数学、几何学以及它
men zhī jiān de jiāo chā nèi róng suǒ xíng chéng de yī mén jī
们之间的交叉内容所形成的一门基
chǔ xué kē
础学科。

yán jiū biàn liàng shì gāo děng shù xué de tè
研究“变量”（variable）是高等数学的特
diǎn zhī yī chū děng shù xué zhōng yuán shǐ de biàn liàng gài
点之一。初等数学中原始的变量概

niàn shì wù zhì shì jiè biàn huà de zhū liàng de zhí jiē chōu
念是物质世界变化的诸量的直接抽
xiàng xiàn dài shù xué zhōng biàn liàng de gài niàn bāo hán le
象，现代数学中变量的概念包含了
gèng gāo céng cì de chōu xiàng wēi jī fēn bèi rèn wéi shì
更高层次的抽象。微积分被认为是
biàn liàng de shù xué de kāi shǐ
“变量的数学”的开始。

gāo děng shù xué de yòu yī tè zhēng jiù shì wú
高等数学的又一特征，就是“无
qióng huò wú xiàn gài niàn zài shù xué fāng miàn
穷”(infinity，或“无限”)概念在数学方面
de shēn rù jiù rén men de pǔ biàn gǎn shòu ér yán xiàn shí
的深入。就人们的普遍感受而言，现实
shì jiè de gè zhǒng shì wù dōu yǐ yǒu xiàn de xíng shì chū xiàn
世界的各种事物都以有限的形式出现，
ér wú qióng shì duì suǒ yǒu shì wù de gòng tóng běn zhì de yī
而无穷是对所有事物的共同本质的一
zhǒng gài kuò suǒ yǐ wú qióng jìn rù shù xué shì shù xué gāo
种概括。所以，无穷进入数学是数学高
dù lǐ lùn huà chōu xiàng huà de fǎn yìng
度理论化、抽象化的反映。

shù xué zhōng de wú qióng yǒu liǎng zhǒng xíng shì
数学中的“无穷”有两种形式，
jí qián wú qióng hé shí wú qióng
即潜无穷(potential infinity)和实无穷(actual
qián wú qióng shì zhǐ bǎ wú qióng kàn chéng yī zhǒng
infinity)。潜无穷是指把无穷看成一种
guò chéng yī zhǒng yǒng yuǎn chù yú shēng chéng zhuàng tài
过程，一种永远处于生成状态
zhī zhōng de guò chéng tā yǒng yuǎn chù zài gòu zào zhōng
之中的过程。它永远处在构造中，
yǒng yuǎn wán chéng bù liǎo shì qián zài de ér bù shì shí zài
永远完成不了，是潜在的，而不是实在

de àn zhào cǐ guān diǎn zì rán shù bù néng gòu chéng yī gè
的。按照此观点，自然数不能构成一个

jí hé yīn wèi zhè gè jí hé shì yǒng yuǎn yě wán chéng bù le
集合，因为这个集合是永远也完成不了

de tā bù néng gòu chéng yī gè shí zài de zhěng tǐ ér shì
的，它不能构成一个实在的整体，而是

yǒng yuǎn dōu zài gòu zào zhī zhōng jǔ gè xíng xiàng diǎn de
永远都在构造之中。举个形象点的

lì zi jiù shì gòu chéng yī tiáo zhí xiàn de diǎn yǒu wú qióng
例子就是，构成一条直线的点有无穷

gè bìng qiě zhè tiáo zhí xiàn yǒng yuǎn yán shēn zhe bù huì
个，并且这条直线永远延伸着，不会

yǒu zhōng jié de yī tiān ér shí wú qióng zé shì zhǐ bǎ wú
有终结的一天。而实无穷则是指把无

qióng kàn chéng xiàn shí cún zài de yǐ jīng shēng chéng le de
穷看成现实存在的，已经生成了的

duì xiàng huàn yán zhī jí shì bǎ wú qióng duì xiàng kàn chéng
对象，换言之，即是把无穷对象看成

kě yǐ zì wǒ wán chéng de guò chéng huò wú qióng zhěng tǐ
可以自我完成的过程或无穷整体。

àn zhào cǐ guān diǎn suǒ yǒu de zì rán shù kě yǐ gòu chéng
按照此观点，所有的自然数可以构成

yī gè jí hé yīn wèi kě yǐ jiāng suǒ yǒu de zì rán shù kàn
一个集合，因为可以将所有的自然数看

zuò shì yī gè wán chéng le de wú qióng zhěng tǐ kāng tuō ěr
作是一个完成了的无穷整体。康托尔

de pǔ sù jí hé lùn jiù shì jiàn lì zài shí wú qióng de jī chǔ
的朴素集合论就是建立在实无穷的基础

zhī shàng de jǔ gè xíng xiàng diǎn de lì zi jiù shì yī tiáo
之上的。举个形象点的例子就是，一条

xiàn duàn shàng de diǎn yǒu wú qióng gè dàn shì zhè tiáo xiàn
线段上的点有无穷个，但是这条线

duàn běn shēn yòu shì yǒu xiàn de zài shì jì qián wú qióng
段本身又是有限的。在19世纪，潜无穷

de guān niàn zài shù xué zhōng zhàn jù le zhǔ yào dì wèi dāng
的观念在数学中占据了主要地位，当
shí de shù xué jiā dà duō xiāng xìn qián wú qióng bù chéng rèn
时的数学家大多相信潜无穷，不承认
shí wú qióng ér qiě zhè zhǒng qīng xiàng hái fā zhǎn dào duì
实无穷，而且这种倾向还发展到对
shí wú qióng xìng duì xiàng de jué duì pái chì dàn dào le
实无穷性对象的绝对排斥。但到了19
shì jì mò dé guó shù xué jiā kāng tuō ěr jiàn lì de
世纪末，德国数学家康托尔（Cantor）建立的
jí hé lùn shǐ shí wú qióng xìng chóng xīn chéng wéi shù xué de
集合论使实无穷性重新成为数学的
duì xiàng suí zhe jí hé lùn bèi lùn chū xiàn wéi rào zhe shù
对象。随着集合论悖论出现，围绕着数
xué wú qióng de wèn tí shù xué zhé xué gè liú pài jiān de
学无穷的问题，数学哲学各流派间的
zhēng lùn zhì jīn réng zài jìn xíng dàn bù néng fǒu rèn wǒ men
争论至今仍在进行。但不能否认，我们
yán jiū de shí shù hán shù de jí xiàn wēi jī fēn děng dōu
研究的实数、函数的极限、微积分等，都
jiàn lì zài shí wú qióng shàng
建立在实无穷上。

jì suàn xìng yě shì gāo děng shù xué de yī gè tè diǎn
计算性，也是高等数学的一个特点。
dāng rán jì suàn xìng zài chū děng shù xué zhōng zhàn le zhǔ
当然，计算性在初等数学中占了主
dǎo dì wèi dàn tā zài gāo děng shù xué zhōng de dì wèi yě
导地位，但它在高等数学中的地位也
shì míng xiǎn de gāo děng shù xué chú le yǒu hěn duō lǐ lùn
是明显的。高等数学除了有很多理论
xìng hěn qiáng de xué kē zhī wài yě yǒu yī dà pī jì suàn xìng
性很强的学科之外，也有一大批计算性
hěn qiáng de xué kē rú wēi fēn fāng chéng jì suàn shù xué
很强的学科，如微分方程、计算数学、

tǒng jì xué děng
统计学等。

zǒng de shuō lái gāo děng shù xué de tè diǎn jiù shì gāo
总的说来，高等数学的特点就是：高
dù de chōu xiàng xìng yán mì de luó jí xìng hé guǎng fàn de
度的抽象性、严密的逻辑性和广泛的
yìng yòng xìng chōu xiàng xìng hé jì suàn xìng shì shù xué zuì
应用性。抽象性和计算性是数学最
jī běn zuì xiǎn zhù de tè diǎn yǒu le gāo dù chōu xiàng hé
基本、最显著的特点，有了高度抽象和
tǒng yī wǒ men cái néng shēn rù de jiē shì qí běn zhì guī lǜ
统一，我们才能深入地揭示其本质规律，
cái néng shǐ zhī dé dào gèng guǎng fàn de yìng yòng yán mì de
才能使之得到更广泛的应用。严密的
luó jí xìng shì zhǐ zài shù xué lǐ lùn de guī nà hé zhěng lǐ
逻辑性是指在数学理论的归纳和整理
zhōng wú lùn shì gài niàn hé biǎo shù hái shì pàn duàn hé tuī
中，无论是概念和表述，还是判断和推
lǐ dōu yào yùn yòng luó jí de guī zé zūn xún sī wéi de guī
理，都要运用逻辑的规则，遵循思维的规
lǜ suǒ yǐ shuō shù xué yě shì yī zhǒng sī xiǎng fāng fǎ
律。所以说，数学也是一种思想方法，
xué xí shù xué de guò chéng jiù shì sī wéi xùn liàn de guò
学习数学的过程就是思维训练的过
chéng rén lèi shè huì de jìn bù yǔ shù xué zhè mén kē xué
程。人类社会的进步，与数学这门科学
de guǎng fàn yìng yòng shì fēn bù kāi de yóu qí dào le xiàn
的广泛应用是分不开的。尤其到了现
dài diàn zǐ jì suàn jī de chū xiàn hé pǔ jí shǐ dé shù xué
代，电子计算机的出现和普及使得数学
de yìng yòng lǐng yù gèng jiā guǎng kuò xiàn dài shù xué
的应用领域更加广阔，现代数学
zhèng chéng wéi kē jì fā zhǎn de qiáng dà dòng lì tóng shí
正成为科技发展的强大动力，同时

yě guǎng fàn hé shēn rù de shèn tòu dào le shè huì kē xué
也广泛和深入地渗透到了社会科学

lǐng yù
领域。

zī liào lái yuán bǎi dù wén kù
（资料来源：百度文库）

物理篇

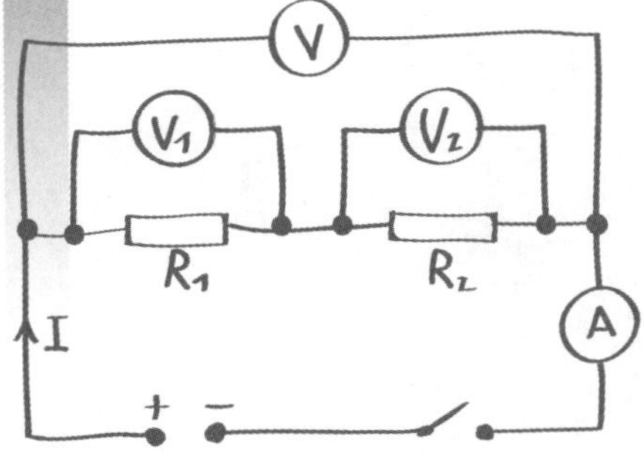

第六单元

课文一　质量与质点

我们生活的地球上有大山、大海、空气，有鲜花、小草、大树，还有人和动物。我们人要使用很多很多的生活用品。这些东西虽然大小、**形状**不一样，但是都是由**物质**组成的。生活中常常要知道物质的多少，比如水果的多少、大米的多少等。古代**埃及**人很早就用“天平”大概测量物质的多少了。

质量就是物体里物质的多少，用字母 m 表示。质量的基本单位是千克，符号是 kg，常用的比千克小的单位有克（g）、毫克（mg），比千克大的单位有**吨**（t）。这些都是国际单位。在中国，人们喜欢用“斤”和“两”做质量单位，英、美等国的人们喜欢用“**磅**”做质量单位。1791 年，法国**规定**了长度单位“米”的同时，也规定了质量单位，1 dm^3 的纯水在 4 °C 时的质量为 1 kg。1872 年，科学家们通过国际会议，决定使用法国的标准。在中国的商场、超市和小市场，人们都使用千克，但是中国人说话时常常用“斤”，比如“你买几斤？”请大家记住，1 千克 = 2 斤。

怎么测量质量呢？如果我们去超市买菜，售货员要称菜的质量，所采用的工具叫“**秤**”。在实验室里，常常用**天平**来称质量。

现在，我们再来学学**质点**。什么是质点呢？物体都有样子和大小，但是如果一个物体的样子和大小跟它到别的物体的距离相比是极小的，或跟别的物体相比是极小的，那么这个物体就可以看作一个质点，也就是说，质点是把物体**简化**后得到的只有质量，不考虑样子和大小的一个点。它是一个理想的**模型**，实际上并不存在。比如一辆火车要从北京到成都，在地图上它就是一个质点，因为火车是什么样子的，对它到成都的距离没有影响。

（资料来源：《物理》八年级上册，人民教育出版社，有删改）

生词

形状	xíngzhuàng	form; shape
物质	wùzhì	matter
埃及	āijí	egypt
质量	zhìliàng	mass
吨	dūn	ton
磅	bàng	pound
规定	guīdìng	stipulate
秤	chèng	balance; steelyard
天平	tiānpíng	balance; scale
质点	zhìdiǎn	particle
简化	jiǎnhuà	simplify
模型	móxíng	model

课文二　运动的快慢

运动的物体，有的运动得快，有的运动得慢。如果想比较物体运动的快慢，有两种方法：一种是在相同的时间里，比较物体经过的**路程**，经过路程长的物体运动得快；第二种是如果物体运动的路程一样，就比较它们花的时间，花时间短的物体运动得快。

比如说比赛跑步，如果要比较谁跑得快，就要看谁跑过的路程长，也就是谁跑在前面。运动员到达**终点**时，他们都跑过了相同的路程，那么用时最短的运动员跑得就最快。所以，比较运动快慢一定要考虑路程和时间两个方面。

在物理学中，为了比较物体运动的快慢，我们用“相同时间比较路程”的方法，也就是物体运动的路程**除以**用的时间，这样才能**保证**时间相同。路程和时间的比叫作**速度**。我们用字母 s 表示路程，t 表示时间，v 表示速度，因此 $v = s/t$。速度就是物体在单位时间里通过的路程，这个数值越大，表明物体运动得越快。速度的单位由长度单位和时间单位组成，是“米每秒”，符号是 m/s。在交通**运输**中速度的单位也常常用千米每小时，符号是 km/h，它们的关系是 1 m/s = 3.6 km/h。

我们来比较一下几种物体的快慢吧：

蜗牛的速度大约是 1.5×10^{-3} m/s，人走路的速度大约是 1.1 m/s，自行车的速度大约是 5 m/s，汽车的速度大约是 33 m/s，高铁列车可以达到 120 m/s，飞机的速度大约是 250 m/s，**子弹**是 1 000 m/s，**同步卫星**是 3 070 m/s。怎么样，很有意思吧？

（资料来源：《物理》八年级上册，人民教育出版社，有删改）

生词

路程	lùchéng	distance
终点	zhōngdiǎn	termination

除以	chúyǐ	divide
保证	bǎozhèng	assure; guarantee
速度	sùdù	speed
运输	yùnshū	transport
蜗牛	wōniú	snail
子弹	zǐdàn	cartridge;bullet
同步卫星	tóngbù wèixīng	synchronous satellite

练习

一、根据拼音写词语。

sùdù	guīdìng	zhìdiǎn	xíngzhuàng
(　　)	(　　)	(　　)	(　　)
yùnshū	zhōngdiǎn	móxíng	zǐdàn
(　　)	(　　)	(　　)	(　　)

二、根据课文判断正误。

1. 山和水是物质，人和动物不是物质。(　　)

2. 古代中国人很早就用“天平”大概测量物质的多少了。(　　)

3. 质量用字母 *m* 表示，基本单位是克。(　　)

4. 1872 年，科学家们通过国际会议，决定使用法国的“千克”作为国际标准。(　　)

5. 在相同的时间里，比较物体经过的路程，经过路程短的物体运动得快。(　　)

6. 在物体运动相同路程的情况下，花时间短的物体运动得慢。(　　)

7. 速度就是物体在单位时间内通过的路程。(　　)

8. 比较运动快慢必须考虑交通工具、路程、时间三个方面。(　　)

9. 飞机的速度比高铁列车的速度快。(　　)

三、根据课文填空。

1. 质量就是物体里物质的______，用字母 m 表示。质量的基本单位是_____，符号是 kg，常用的比千克小的单位有克（g）、毫克（mg），比千克大的单位有吨（t）。这些都是_________。

2. 如果想比较运动的物体的快慢，有两种方法：一种是在相同的时间里，比较_________，经过路程长的物体___________；第二种是在物体运动相同路程的情况下，比较______________，花时间短的物体_____________。

4. 在物理学中，为了比较物体运动的快慢，我们用“相同时间比较路程”的方法，也就是物体运动的路程_________用的时间，这样才能保证________相同。路程和时间的比叫作__________。我们用字母 s 表示路程，t 表示时间，v 表示速度，因此 $v = s/t$。速度就是物体在单位时间内通过的路程，这个数值______，表明物体运动得越快。

四、将下列词语组成句子。

1. 都　　人　　使用的　　是　　物质　　生活用品

2. 质点　模型　理想　的　是

3. 谁　就　赛跑时　谁　跑得快　跑在前面

4. 由　速度的单位　组成　长度单位　和　时间单位

五、看表回答问题。

下面是北京南站到天津站的 C2001 高速列车运行时间表：

始发站	到达站	发车时间	到达时间	运行时间	里程
北京南	天津	6:01	6:36	00:35	120km

请你回答，列车从北京南站到天津站的平均速度是多少？

课文三　拓展阅读 1

zhí xiàn yùn dòng
直线运动

zhí xiàn yùn dòng shì zhǐ wù tǐ de yùn dòng lù xiàn shì yī tiáo zhí xiàn zhí xiàn yùn dòng yǒu yún sù zhí xiàn yùn dòng hé biàn sù zhí xiàn yùn dòng liǎng zhǒng sù dù bù biàn de zhí xiàn yùn dòng jiào zuò yún sù zhí xiàn yùn dòng zuò yún sù zhí xiàn yùn dòng de wù tǐ zài xiāng tóng shí jiān lǐ tōng guò de lù

直线运动是指物体的运动路线是一条直线。直线运动有匀速直线运动和变速直线运动两种。速度不变的直线运动叫作匀速直线运动。做匀速直线运动的物体，在相同时间里通过的路

chéng shì xiāng děng de bǐ rú yī liàng qì chē yòng xiāng tóng
程是相等的。比如一辆汽车用相同
de sù dù zhí xiàn wǎng qián kāi zhè jiù shì yún sù zhí xiàn yùn
的速度直线往前开，这就是匀速直线运
dòng zài wǒ men de shēng huó zhōng yún sù zhí xiàn yùn dòng
动。在我们的生活中，匀速直线运动
bù tài cháng jiàn dāng rán wǒ men kě yǐ bǎ yī xiē chà bù duō
不太常见，当然我们可以把一些差不多
shì yún sù zhí xiàn yùn dòng de rèn wéi shì yún sù zhí xiàn yùn
是匀速直线运动的认为是匀速直线运
dòng bǐ rú zài jī chǎng lǐ zhàn zài zì dòng diàn tī shàng
动。比如在机场里，站在自动电梯上
de chéng kè tā men jiù dà gài zuò yún sù zhí xiàn yùn dòng
的乘客，他们就大概做匀速直线运动。

nà me shén me shì biàn sù zhí xiàn yùn dòng ne yǒu sù
那么，什么是变速直线运动呢？有速
dù biàn huà de zhí xiàn yùn dòng jiù shì biàn sù zhí xiàn yùn
度变化的直线运动就是变速直线运
dòng bǐ rú shuō yī gè qiú cóng gāo chù luò xià qù tā xià luò
动。比如说一个球从高处落下去，它下落
de sù dù jiù huì yuè lái yuè kuài zhè jiù shì biàn sù zhí xiàn
的速度就会越来越快，这就是变速直线
yùn dòng biàn sù zhí xiàn yùn dòng bǐ jiào fù zá yòng lù
运动。变速直线运动比较复杂，用路
chéng chú yǐ shí jiān dé dào de sù dù zhǐ néng dà gài shuō
程除以时间得到的速度，只能大概说
chū lái wù tǐ de kuài màn zhè gè sù dù jiào zuò píng jūn sù
出来物体的快慢，这个速度叫作平均速
dù wù lǐ xué zhōng yòng jiā sù dù miáo shù wù tǐ sù dù biàn
度。物理学中用加速度描述物体速度变
huà de kuài màn
化的快慢。

zhí xiàn yùn dòng shì yī zhǒng jī xiè yùn dòng duì tóng
直线运动是一种机械运动。对同

yī gè wù tǐ wǒ men kě yǐ shuō tā shì yùn dòng de yě kě
一个物体，我们可以说它是运动的，也可
yǐ shuō tā shì jìng zhǐ de zhè shì zěn me huí shì ne bǐ rú
以说它是静止的，这是怎么回事呢？比如
shuō wǎn shàng wǒ men kàn dào bái yún wǎng xī zǒu yuè liàng
说晚上我们看到白云往西走，月亮
wǎng dōng zǒu yīn cǐ yào pàn duàn yī gè wù tǐ shì bù shì
往东走。因此要判断一个物体是不是
yùn dòng xū yào yǒu yī gè cān zhào wù rú guǒ yī gè wù tǐ
运动，需要有一个参照物。如果一个物体
gēn cān zhào wù bǐ wèi zhì gǎi biàn le wǒ men jiù shuō tā
跟参照物比，位置改变了，我们就说它
shì yùn dòng de shēng huó zhōng wǒ men cháng cháng yòng dì
是运动的。生活中，我们常常用地
miàn zuò cān zhào wù
面做参照物。

zī liào lái yuán bǎi dù bǎi kē
（资料来源：百度百科）

gēn jù wén zhāng huí dá wèn tí
根据文章回答问题

shén me shì zhí xiàn yùn dòng zhí xiàn yùn dòng fēn wéi jǐ zhǒng
1. 什么是直线运动？直线运动分为几种？

shēng huó zhōng yún sù zhí xiàn yùn dòng cháng jiàn ma wèi shén me
2. 生活中匀速直线运动常见吗？为什么？

wèi shén me yī gè qiú xià luò de sù dù bù yī yàng
3. 为什么一个球下落的速度不一样？

rú guǒ pàn duàn yī gè wù tǐ shì bù shì yùn dòng yào
4. 如果判断一个物体是不是运动，要
kǎo lǜ shén me wèn tí
考虑什么问题？

课文四　拓展阅读 2

qū xiàn yùn dòng
曲线运动

wǒ men qián miàn zhǐ xué xí le wù tǐ yán zhe yī tiáo zhí
我们前面只学习了物体沿着一条直
xiàn de yùn dòng kě shì zài shēng huó zhōng hái yǒu hěn duō
线的运动，可是在生活中，还有很多
wù tǐ de yùn dòng bù shì zhí xiàn yùn dòng bǐ rú wǒ men
物体的运动不是直线运动。比如我们
rēng chū qù yī gè zú qiú tā zài kōng zhōng shì yán zhe chà bù
扔出去一个足球，它在空中是沿着差不
duō bàn yuán xíng guǐ jì yùn dòng zài bǐ rú wǒ men de dì
多半圆形轨迹运动；再比如我们的地
qiú yī zhí wéi rào zhe tài yáng zhuàn dì qiú zhuàn dòng de guǐ
球，一直围绕着太阳转，地球转动的轨
jì yě bù shì zhí xiàn zhè xiē yùn dòng shì shén me yùn dòng
迹也不是直线。这些运动是什么运动
ne zài wù lǐ xué zhōng wǒ men chēng tā men wéi qū xiàn
呢？在物理学中，我们称它们为“曲线
yùn dòng
运动”。

nà me qū xiàn yùn dòng bǐ zhí xiàn yùn dòng gèng fù zá
那么曲线运动比直线运动更复杂
ma qí shí tōng guò yán jiū wǒ men huì fā xiàn zhí xiàn
吗？其实，通过研究，我们会发现，直线
yùn dòng de sī lù tóng yàng kě yǐ yòng zài qū xiàn yùn dòng
运动的思路，同样可以用在曲线运动

shàng yīn wèi dì qiú shàng wù tǐ de yùn dòng hé tiān tǐ de
上，因为地球上物体的运动和天体的
yùn dòng zūn shǒu zhe tóng yàng de kē xué guī lǜ
运动遵守着同样的科学规律。

miáo shù zhí xiàn yùn dòng de shí hòu wǒ men yào yòng
描述直线运动的时候，我们要用
wèi yí hé sù dù qū xiàn yùn dòng yě yī yàng wǒ men xiān
位移和速度，曲线运动也一样。我们先
shuō qū xiàn yùn dòng de wèi yí rú guǒ wǒ men bǎ yī gè qiú
说曲线运动的位移。如果我们把一个球
cóng shuǐ píng fāng xiàng rēng chū qù tā bù huì yī zhí yán zhe
从水平方向扔出去，它不会一直沿着
shuǐ píng fāng xiàng yùn dòng ér shì yán zhe qū xiàn yùn dòng
水平方向运动，而是沿着曲线运动，
zuì hòu luò dào dì miàn shàng nà me zěn me huà chū tā de
最后落到地面上。那么怎么画出它的
wèi yí ne wǒ men xū yào yī gè píng miàn zhí jiǎo zuò biāo
位移呢？我们需要一个平面直角坐标
xì zhè gè zuò biāo xì de yuán diǎn kě yǐ xuǎn zài qiú lí kāi
系。这个坐标系的原点可以选在球离开
shǒu shí de wèi zhì tóng shí ràng zhóu yán zhe shuǐ píng
手时的位置 O，同时让 x 轴沿着水平
pāo chū de fāng xiàng zhóu yán shù zhí xiàng xià de fāng
抛出的方向，y 轴沿竖直向下的方
xiàng zhè yàng dāng qiú yùn dòng dào diǎn shí xiāng duì
向，这样，当球运动到 A 点时，相对
yú pāo chū diǎn de wèi yí jiù shì wǒ men yòng zài
于抛出点的位移就是 OA。我们用 x_A（OA 在 x
fāng xiàng de fēn shǐ liàng hé zài fāng xiàng de fēn shǐ
方向的分矢量）和 y_A（OA 在 y 方向的分矢
liàng jiù néng biǎo shì nà gè qiú de wèi yí le
量）就能表示那个球的位移了。

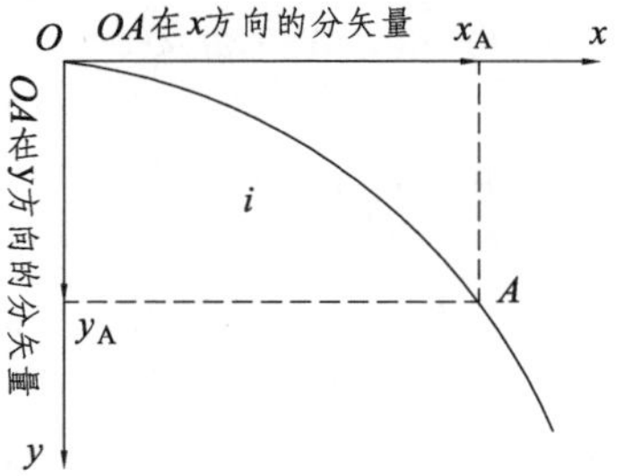

xià miàn wǒ men zài shuō shuō qū xiàn yùn dòng de sù dù
下面我们再说说曲线运动的速度。
rú guǒ yī gè yùn dòng yuán xiàng wài rēng qiú shén me shí hòu
如果一个运动员向外扔球，什么时候
tā fàng kāi shǒu shén me shí hòu qiú jiù huì xiàng wài fēi chū
他放开手，什么时候球就会向外飞出
qù fàng shǒu de shí jiān bù yī yàng qiú xiàng wài fēi chū qù
去，放手的时间不一样，球向外飞出去
de fāng xiàng yě jiù bù yī yàng yīn cǐ qū xiàn yùn dòng bù
的方向也就不一样。因此，曲线运动不
tóng shí jiān de sù dù jù yǒu bù tóng de fāng xiàng nà me zěn
同时间的速度具有不同的方向。那么怎
me dìng yì qū xiàn yùn dòng de sù dù ne wǒ men shuō zhì
么定义曲线运动的速度呢？我们说，质
diǎn zài mǒu yī diǎn de sù dù yán qū xiàn zài zhè yī diǎn de
点在某一点的速度，沿曲线在这一点的
qiē xiàn fāng xiàng sù dù shì yī gè shǐ liàng jì yǒu dà xiǎo
切线方向。速度是一个矢量，既有大小，
yòu yǒu fāng xiàng bù lùn sù dù de dà xiǎo shì fǒu gǎi biàn
又有方向。不论速度的大小是否改变，
zhī yào sù dù de fāng xiàng fā shēng gǎi biàn jiù biǎo shì sù
只要速度的方向发生改变，就表示速
dù shǐ liàng fā shēng le biàn huà jiù chǎn shēng le jiā sù dù
度矢量发生了变化，就产生了加速度。
suǒ yǐ qū xiàn yùn dòng shì biàn sù yùn dòng zài qū xiàn yùn
所以曲线运动是变速运动。在曲线运
dòng zhōng dāng lì shǐ liàng yǔ sù dù shǐ liàng jiān de jiá jiǎo
动中，当力矢量与速度矢量间的夹角

děng yú shí zuò yòng lì jǐn gǎi biàn wù tǐ yùn dòng sù dù
等于90°时，作用力仅改变物体运动速度
de fāng xiàng bù gǎi biàn sù dù de liàng zhí dāng jiá jiǎo xiǎo
的方向，不改变速度的量值；当夹角小
yú shí zuò yòng lì bù jǐn gǎi biàn wù tǐ yùn dòng sù dù
于90°时，作用力不仅改变物体运动速度
de fāng xiàng bìng qiě zēng dà sù dù de liàng zhí dāng jiā jiǎo
的方向，并且增大速度的量值；当夹角
dà yú shí tóng yàng gǎi biàn wù tǐ yùn dòng sù dù de
大于90°时，同样改变物体运动速度的
fāng xiàng dàn shì què jiǎn xiǎo sù dù de liàng zhí
方向，但是却减小速度的量值。

wù tǐ zài shén me tiáo jiàn xià zuò qū xiàn yùn dòng
物体在什么条件下做曲线运动
ne dāng wù tǐ suǒ shòu hé lì de fāng xiàng hé sù dù
呢？当物体所受合力的方向和速度
fāng xiàng bù zài tóng yī zhí xiàn shàng de shí hòu wǒ men
方向不在同一直线上的时候，我们
shuō wù tǐ zuò qū xiàn yùn dòng gēn jù niú dùn dì èr dìng
说物体做曲线运动。根据牛顿第二定
lǜ wù tǐ jiā sù dù de fāng xiàng yǔ tā shòu lì de fāng
律，物体加速度的方向与它受力的方
xiàng zǒng shì yī zhì de dāng wù tǐ shòu lì de fāng xiàng
向总是一致的。当物体受力的方向
hé tā de sù dù fāng xiàng bù zài tóng yī zhí xiàn shàng shí
和它的速度方向不在同一直线上时，
jiā sù dù de fāng xiàng yě jiù hé sù dù de fāng xiàng bù yī
加速度的方向也就和速度的方向不一
zhì le yú shì wù tǐ de sù dù fāng xiàng yào fā shēng biàn
致了，于是物体的速度方向要发生变
huà wù tǐ jiù zuò qū xiàn yùn dòng
化，物体就做曲线运动。

zī liào lái yuán bǎi dù bǎi kē
（资料来源：百度百科）

第七单元

课文一　密　度

体积相同的一块**木块**和一块**铁块**，它们的质量一样吗？答案是不一样，铁块的质量大，木块的质量小。那如果是两个铁块呢？如果两个铁块，一个体积是另一个的 2 倍，质量也会**增加**到原来的 2 倍吗？也就是说，同一个种类的物质质量跟它的体积成正比吗？

要回答这个问题，我们就要说一说**密度**。同种物质的质量跟它的体积的**比值**是一定的，物质不一样，比值也就不一样。在物理学中，一种物质的质量跟它的体积的比叫作这种物质的密度。我们用ρ表示密度，m 表示质量，V 表示体积，它们之间的关系就是$\rho = m/V$。密度ρ的单位由质量单位和体积单位组成，它的基本单位是千克每立方米，符号是 kg/m^3。

如果知道了一个物体的质量和体积，我们就能知道它的密度。同样的，如果知道了一个物体的密度和体积，我们也能算出它的质量。如果有一个很大很大的物体或者不容易测量的物体，我们就可以用这种方法测它的质量。比如我们教室里空气的质量有多少呢？空气是不能用天平或者秤来**称**的。那么就先测量出教室的长、**宽**、高，算出它的体积，然后查找**密度表**，找出空气的密度，用密度公式$\rho = m/V$ 就知道教室里空气的质量了。

现在我们看看一些常见的物质的密度：

	物质	密度（kg/m^3）	物质	密度（kg/m^3）	物质	密度（kg/m^3）	物质	密度（kg/m^3）
固体（常温常压）	金	19.3×10^3	银	10.5×10^3	钢铁	7.9×10^3	冰	0.9×10^3
液体（常温常压）	海水	1.03×10^3	纯水	1.0×10^3	植物油	0.9×10^3	汽油	0.71×10^3
气体（标准大气压）	二氧化碳	1.98	一氧化碳	1.25	氧气	1.43	空气	1.29

（资料来源：《物理》八年级上册，人民教育出版社，有删改）

生词

体积	tǐjī	volume
木块	mùkuài	wood block
铁块	tiěkuài	iron block
增加	zēngjiā	increase
密度	mìdù	density
比值	bǐzhí	ratio
称	chēng	to weigh
宽	kuān	width;breadth
密度表	mìdùbiǎo	density chart
固体	gùtǐ	solid
液体	yètǐ	liquid
气体	qìtǐ	gas

课文二　密度和温度

我们看天气预报的时候，常常会看到今天晴天、下雨或者刮风。在很热的夏天要是来一阵风，大家都会感到很舒服。那么，风是怎么来的呢？地球上的每个地方冷、热都不一样，空气的冷、暖也就不一样。于是，暖空气体积变大，密度变小，就会**上升**；冷空气体积变小，密度变大，就会**下降**，这样冷暖空气就会**流动**起来，**形成**了风。

温度可以改变物质的密度。在我们常见的物质中，气体的**热胀冷缩**就是很明显的例子。它的密度**受**温度的**影响**也最大。固体和液体热胀冷缩不像气体那么明显，所以受温度的影响比较小。但是生活中也要注意**观察**。比如说杯子的**盖子**盖得太紧了，打不开了，怎么办呢？把它放到热水里，等一会儿就打开了。

中国的北方天气很冷，最冷可以**达到**零下三十多度。冬天一定要保护好**自来水管**。如果保护不好，水管里的水变成了冰，就会**冻坏**水管。为什么水管被会冻坏呢？从密度表中，我们可以看到冰的密度比水的密度小，水变成冰后体积变大，水管就**裂开**了。

一般情况下，相同的物质，温度越高密度越小。但是水有点儿不一样。水在 4 °C 时密度最大，温度比 4 °C 高的时候，温度越高，密度越小；温度比 4 °C 低的时候，温度越低，密度也越小。水变成冰时，体积变大，密度变小。所以在冬天，湖里、河里的鱼儿不会死，还可以**自由自在**地游泳，这是因为水面**结冰**了，深水里还是 4 °C 呢。

（资料来源：《物理》八年级上册，人民教育出版社，有删改）

生词

上升	shàngshēng	rise
下降	xiàjiàng	fall; descend;go down
流动	liúdòng	flow
形成	xíngchéng	form; take shape
热胀冷缩	rèzhàng lěngsuō	thermal expansion and contraction
受…影响	shòu…yǐngxiǎng	be influenced by...
观察	guānchá	observe;survey
盖子	gàizi	lid;cover
达到	dádào	achieve; reach
自来水管	zìláishuǐguǎn	water pipe
冻坏	dònghuài	frozen
裂开	lièkāi	break; split open
自由自在	zìyóu zìzài	free as a bird
结冰	jiébīng	freeze

语法点

受……影响

“受”是“接受、遭受”的意思。“影响”可以直接做动词用，如“他影响了我”。“受……影响”被影响的人要放在前面，做主语。如：我受了他的影响，才决定学习这个专业的。

例：这个孩子受到爸爸的影响，学了物理学。

受那几篇论文的影响，他的实验很快就成功了。

练习

一、根据拼音写词语。

mìdù ( ) shàngshēng ( ) xiàjiàng ( ) yǐngxiǎng ( )

zēngjiā ( ) tǐjī ( ) bǐzhí ( ) liúdòng ( )

二、根据课文判断正误。

1. 体积相同的一块木块和一块铁块的质量一样。( )
2. 同一个种类的物质质量跟它的体积成正比。( )
3. 在物理学中，一种物质的质量跟它的体积的比叫作这种物质的密度。( )
4. 密度ρ的单位由质量单位和体积单位组成，它的基本单位是千克每立方米。( )
5. 如果知道了一个物体的密度和体积，我们也能算出它的质量。( )
6. 冷空气体积变小，密度变大，就会上升。( )
7. 固体和液体热胀冷缩不像气体那么明显。( )
8. 中国的北方最冷可以达到零下十多度。( )
9. 冰是水形成的，因此冰的密度跟水的密度一样。( )
10. 相同的物质，温度越高密度越小。( )

三、根据课文填空。

1. 同种物质的质量跟它的体积的比值是______的，物质不一样，比值也就不一样。在物理学中，一种物质的质量跟它的体积的比叫作这种物质的______。

2. 如果知道了一个物体的______和_____，我们就能知道它的密度。同样的，如果知道了一个物体的__________和体积，我们也能算出它的质量。

3. 温度可以改变物质的_________。在我们常见的物质中，气体的________就是很明显的例子。它的密度受___________的影响也最大。

4. 水变成冰时，_____变大，密度变小。所以在冬天，湖里、河里的鱼儿不会死，还可以自由自在地___________，这是因为水面__________了，深水里还是 4 °C 呢。

四、将下列词语组成句子。

1. 秤　　售货员　　用　　称　　质量　　商品的

2. ρ 的单位　　密度　　由　　和　　质量单位　　体积单位　　组成

3. 要　　观察　　生活中　　注意

4. 可以　　密度　　温度　　改变　　物质的

五、根据课文内容和实际情况回答问题。

1. 同一个种类的物质质量跟它的体积成正比吗？
2. 怎么大概测量出某个教室的空气质量是多少呢？
3. 一般情况下，固体的密度比液体的密度大吗？
4. 物体的密度和温度是什么关系呢？

5. 为什么冬天湖里的鱼不会冻死？

课文三　拓展阅读 1

fú lì
浮力

liǎng qiān duō nián qián gǔ xī là kē xué jiā ā jī mǐ dé
两千多年前，古希腊科学家阿基米德
wèi le jiàn dìng wáng guān shì bù shì yòng chún jīn zuò de yào
为了鉴定王冠是不是用纯金做的，要
cè liáng wáng guān de tǐ jī tā xiǎng le hěn cháng shí jiān yě
测量王冠的体积。他想了很长时间也
méi yǒu bàn fǎ yǒu yī tiān tā bǎ yù gāng zhuāng mǎn le
没有办法。有一天，他把浴缸装满了
shuǐ yào jìn qù xǐ zǎo tā de shēn tǐ gāng gāng jìn qù jiù
水，要进去洗澡，他的身体刚刚进去，就
kàn jiàn yù gāng lǐ de shuǐ wǎng wài liú zhè shí tā tū rán
看见浴缸里的水往外流。这时，他突然
xiǎng dào wù tǐ jìn rù yè tǐ zhōng de tǐ jī yě jiù shì wù
想到，物体浸入液体中的体积，也就是物
tǐ pái kāi yè tǐ de tǐ jī ā rán hòu tā zuò le shí yàn jiě
体排开液体的体积啊。然后，他做了实验，解
jué le wáng guān shì bù shì chún jīn de wèn tí
决了王冠是不是纯金的问题。

ā jī mǐ dé yóu cǐ fā xiàn le fú lì wǒ men zài shēng
阿基米德由此发现了浮力。我们在生
huó zhōng yě néng fā xiàn nà xiē dà chuán ā xiǎo yā zǐ ā
活中也能发现，那些大船啊、小鸭子啊
dōu néng zài shuǐ miàn shàng yóu shì shén me lì ràng tā men
都能在水面上游，是什么力让它们

fú zài shuǐ miàn shàng ne jìn zài yè tǐ zhōng de wù tǐ shòu
浮在水面上呢？浸在液体中的物体受
dào xiàng shàng de lì zhè gè lì jiù jiào fú lì nà fú zài shuǐ
到向上的力，这个力就叫浮力。那浮在水
miàn shàng de wù tǐ bǐ rú mù tóu pīng pāng qiú shòu dào le
面上的物体比如木头、乒乓球受到了
fú lì diào rù shuǐ lǐ de píng guǒ yě huì shòu dào fú lì
浮力，掉入水里的苹果也会受到浮力
ma shì de jìn mò zài yè tǐ zhōng de wù tǐ yě shòu dào fú
吗？是的，浸没在液体中的物体也受到浮
lì de zuò yòng wèi shén me ne yīn wèi yè tǐ lǐ miàn yǒu
力的作用。为什么呢？因为液体里面有
yā qiáng ér qiě shēn dù bù tóng yā qiáng yě bù tóng zhè
压强，而且深度不同，压强也不同，这
gè wù tǐ shàng xià biǎo miàn shòu dào yè tǐ duì tā de yā lì
个物体上、下表面受到液体对它的压力
bù tóng
不同。

fú lì de dà xiǎo gēn shén me yǒu guān xì ne wù tǐ
浮力的大小跟什么有关系呢？物体
pái kāi yè tǐ de tǐ jī yuè dà yè tǐ de mì dù yuè dà tā
排开液体的体积越大，液体的密度越大，它
suǒ shòu de fú lì jiù yuè dà yóu yú wù tǐ de tǐ jī chéng
所受的浮力就越大。由于物体的体积乘
yǐ mì dù děng yú wù tǐ de zhì liàng wù tǐ de tǐ jī yuè dà
以密度等于物体的质量，物体的体积越大，
mì dù yuè dà tā de zhì liàng yě jiù yuè dà yīn cǐ fú lì
密度越大，它的质量也就越大。因此，浮力
de dà xiǎo gēn pái kāi yè tǐ suǒ shòu de zhòng lì yě yǒu guān
的大小跟排开液体所受的重力也有关
xì rú guǒ fú lì dà yú zhòng lì wù tǐ shàng fú rú guǒ
系。如果浮力大于重力，物体上浮；如果
fú lì děng yú zhòng lì wù tǐ shòu lì píng héng xuán fú zài
浮力等于重力，物体受力平衡，悬浮在

yè tǐ lǐ rú guǒ fú lì xiǎo yú zhòng lì wù tǐ xià chén
液体里；如果浮力小于重力，物体下沉。

zī liào lái yuán wù lǐ bā nián jí shàng cè rén mín jiào
（资料来源：《物理》八年级上册，人民教
yù chū bǎn shè yǒu shān gǎi
育出版社，有删改）

gēn jù wén zhāng huí dá wèn tí
根据文章回答问题

ā jī mǐ dé shì zěn me xiǎng dào jiàn dìng wáng guān
1. 阿基米德是怎么想到鉴定王冠
de fāng fǎ de
的方法的？

dà chuán wèi shén me néng fú zài shuǐ miàn shàng ne
2. 大船为什么能浮在水面上呢？

fú lì de dà xiǎo gēn shén me yǒu guān xì
3. 浮力的大小跟什么有关系？

rú guǒ fú lì xiǎo yú zhòng lì wù tǐ huì zěn me yàng
4. 如果浮力小于重力，物体会怎么样
ne
呢？

课文四 拓展阅读 2

xué le mì dù yǐ hòu wǒ tū rán xiǎng dào le wǒ xiǎo de
学了密度以后，我突然想到了我小的
shí hòu fā shēng de yī jiàn shì
时候发生的一件事。

nà shì wǒ dà gài shàng sān nián jí de shí hòu yǒu yī tiān
那是我大概上三年级的时候，有一天

xià wǔ bà ba xià bān hěn zǎo zhǐ jiàn tā shǒu lǐ līn zhe yī
下午，爸爸下班很早，只见他手里拎着一
gè xiǎo dài zi hěn chī lì de shàng le lóu tā dào le jiā lǐ
个小袋子，很吃力地上了楼，他到了家里，
bǎ shǒu lǐ de dài zi shǐ jìn yī fàng fàng zài le zhuō zi
把手里的袋子使劲一放，放在了桌子
shàng wǒ hào qí de wèn bà ba nǐ lì qì hái shì tǐng
上。我好奇地问：“爸爸，你力气还是挺
dà de zěn me jīn tiān līn zhè me diǎn ér dōng xī jiù lèi de
大的，怎么今天拎这么点儿东西，就累得
mǎn tóu dà hàn nà gè dài zi lǐ dào dǐ zhuāng zhe shén me
满头大汗，那个袋子里到底装着什么
dōng xī ne bà ba huí dá dào zhè gè nǐ bié guǎn
东西呢？”爸爸回答道：“这个你别管，
zǒng zhī nà gè dài zi lǐ de dōng xī nǐ qiān wàn bié pèng jiù
总之那个袋子里的东西你千万别碰就
xíng le wǒ wú kě nài hé de shuō le shēng ò
行了！”我无可奈何地说了声：“哦！”
biàn huí dào wǒ de fáng jiān zuò zuò yè qù le
便回到我的房间做作业去了。

kě shì wǒ yī biān zuò zuò yè yī biān àn àn de xiǎng nà
可是，我一边做作业一边暗暗地想，那
gè dài zi lǐ dào dǐ shì shén me dōng xī ne wèi shén me
个袋子里到底是什么东西呢？为什么
bà ba bù ràng wǒ kàn ne kěn dìng shì cáng zhe mì mì hào
爸爸不让我看呢？肯定是藏着秘密。好
qí de wǒ jīng bù zhù yòu huò biàn qiāo qiāo de lái dào nà
奇的我经不住诱惑，便悄悄地来到那
zhāng zhuō zi qián miàn kàn dào zhōu wéi méi rén jiù xiǎo xīn
张桌子前面，看到周围没人，就小心
yì yì de dǎ kāi dài zi hé hé zi fān kāi yòng zhǐ bāo guǒ de
翼翼地打开袋子和盒子。翻开用纸包裹的
fáng hù zhī hòu wǒ zhōng yú kàn dào le zhè gè néng lìng bà
防护之后，我终于看到了这个能令爸

ba mǎn tóu dà hàn de dōng xī yī gè pǔ tōng de xiǎo
爸满头大汗的东西——一个“普通”的小
tiě kuài
铁块。

wǒ dé yì yáng yáng de xiǎng zhè gè xiǎo xiǎo de tiě
我得意洋洋地想：这个小小的铁
kuài jiù néng ràng bà ba chū hàn wǒ liǎng gēn shǒu zhǐ jiù
块，就能让爸爸出汗，我两根手指就
néng bǎ tā tí qǐ lái kàn lái wǒ de lì qì bǐ bà ba hái yào
能把它提起来！看来，我的力气比爸爸还要
dà le xiǎng zhe xiǎng zhe wǒ biàn yòng liǎng gēn shǒu zhǐ jiá
大了！想着想着，我便用两根手指夹
zhù le pǔ tōng de xiǎo tiě kuài zhè kuài xiǎo dōng xī wén
住了“普通”的小铁块，这块小东西纹
sī bù dòng yī diǎn yě méi lí kāi zhuō zi zhè xià kě bǎ wǒ
丝不动，一点也没离开桌子。这下可把我
qì huài le wǒ bǎ liǎng zhī shǒu dōu yòng le shàng qù àn àn
气坏了，我把两只手都用了上去，暗暗
xiǎng dào nǐ zhè gè xiǎo jiā huǒ wǒ jiù bù xìn duì fù bù
想道：你这个小家伙，我就不信对付不
liǎo nǐ jǐn guǎn wǒ yòng jìn le suǒ yǒu de lì qì xiǎo tiě
了你！尽管我用尽了所有的力气，小铁
kuài jìng rán hái shì méi yǒu dòng jìng bà ba dōu fèi jìn ná
块竟然还是没有动静！爸爸都费劲拿
de dōng xī wǒ guǒ rán shì ná bù dòng ā nà shì wèi shén
的东西，我果然是拿不动啊！那是为什
me ne
么呢？

zhè shí bà ba zǒu le guò lái wǒ jí máng pǎo dào tā
这时，爸爸走了过来，我急忙跑到他
miàn qián wèn tā yuán yīn bà ba suī rán hěn shēng qì dàn
面前，问他原因。爸爸虽然很生气，但
hái shì xīn píng qì hé de shuō yīn wèi zhè kuài tiě de mì
还是心平气和地说：“因为这块铁的密

dù dà ya
度大呀！”

dāng shí wǒ yī diǎn ér yě bù dǒng shén me shì mì dù
当时我一点儿也不懂什么是密度。
bà ba jiǎn dān de gěi wǒ jiǎng le jiǎng mì dù kě shì dāng shí
爸爸简单地给我讲了讲密度，可是当时
de wǒ gēn běn lǐ jiě bù liǎo nà me gāo shēn de huà hěn
的我根本理解不了那么高深的话，很
kuài jiù pǎo chū qù wán bié de le bù guò wǒ bān bù dòng
快就跑出去玩别的了。不过，我搬不动
nà gè xiǎo tiě kuài de shì qíng què láo láo de jì zài le nǎo
那个小铁块的事情却牢牢地记在了脑
hǎi lǐ xiàn zài wǒ yǐ jīng xué le mì dù yī zhǒng wù zhì
海里。现在，我已经学了密度：一种物质
de zhì liàng gēn tā de tǐ jī de bǐ jiào zuò zhè zhǒng wù zhì
的质量跟它的体积的比叫作这种物质
de mì dù wǒ néng jiě shì wèi shén me le nǐ ne nǐ yě
的密度。我能解释为什么了。你呢？你也
xué huì le ma
学会了吗？

第八单元

课文一　什么是力

生活中到处都可以看到力，什么是力呢？一辆汽车在公路上坏了，几个人用力去**推**它；一个小孩子**拉**着他的玩具小火车往前走；老师把书举起来给大家看；一个箱子装满了衣服，我们使劲**压**一压，又装进去几件衣服。这些都是力。只有人才能产生力吗？不是的。人可以举起重的东西，**起重机**也可以举起重的东西；人可以拉着车往前走，火车头也可以拉着火车前进，这些也是力。

物理学中，物体对物体的作用叫作力。只要有力的作用，就一定有两个物体。一个是**施加**力的物体，叫**施力物体**，另一个是**受到**力的物体，叫**受力物体**。比如说一个小孩子拉着他的玩具小火车往前走，小孩子是施力物体，玩具小火车就是受力物体。

很多人喜欢打篮球，拍球的时候常常觉得手很疼，这是为什么呢？力是物体对物体的作用，受力物体受到力的作用，施力物体是不是也受到力的作用呢？麦克说："我的头把飞来的足球**顶**了出去，我的头也感到被撞了，足球对我的头也产生了力。"玛丽说："我用足球去撞门，门动了一下，足球滚回来了，门对足球也产生了力。"他们说的都对，很多事实说明，一个物体对另一个物体有力的作用的时候，另一个物体同时对这个物体也有力的作用，也就是说，力的作用是相互的。这就是为什么拍球的时候手会疼。

（资料来源：《物理》八年级上册，人民教育出版社，有删改）

生词

推	tuī	push
拉	lā	pull
压	yā	press
起重机	qǐzhòngjī	crane; hoist
施加	shījiā	exert
施力物体	shīlì wùtǐ	applying object
受到	shòudào	come under
受力物体	shòulì wùtǐ	force object
顶	dǐng	gore; butt

课文二　牛顿第二定律

牛顿三大定律是力学中最重要的定律。今天我们来学习第二定律。

我们都坐过飞机，飞机起飞时先在跑道上起跑，加速，然后飞向天空；我们也都有过比赛跑步的经历，起跑时大家同时弯腰准备，听到枪声，快速向前冲。这说明物体运动时"速度有变化""速度变化很快"。运动速度变化的快慢就是加速度。加速度用字母 a 表示，国际单位是 m/s^2。我们前面已经学过了质点，加速度就是表示质点速度变化快慢的物理量。

牛顿第二定律是指物体受到**合外力**的作用会产生加速度，加速度的方向和合外力的方向相同，加速度的大小与合外力的大小成**正比**，与物体的惯性质量成**反比**。它的公式是 $F_{合} = kma$，k 是比例系数，比例系数 k 的选取是任意的，如果 $k = 1$，那么牛顿第二定律的简单形式就是 $F_{合} = ma$。

牛顿第二定律是力的**瞬时**作用结果，加速度和力同时产生、同时变化、同时消失。牛顿第二定律告诉我们，如果要改变物体的运动状态，必须有力。汽车启动的时候，我们站在汽车上，也会跟着汽车动起来（改变运动状态，产生了加速度），就是因为人受到了**摩擦力**。

在真空中，因为没有空气阻力，各种物体只受到重力，那么不管它们的质量是多少，都有相同的加速度。

在生活中，你还可以找到别的例子来使用牛顿第二定律吗？

（资料来源：百度百科）

生词

牛顿三大定律	niúdùn sāndà dìnglǜ	Newton's first law, Newton's second law and Newton's third law
合外力	héwàilì	resultant force
正比	zhèngbǐ	direct ratio
反比	fǎnbǐ	inverse ratio
瞬时	shùnshí	instantaneous
摩擦力	mócālì	friction

练习

一、根据拼音写词语。

shīlì	shòulì	zuòyòng	qǐzhòngjī
（ ）	（ ）	（ ）	（ ）

mócālì	zhèngbǐ	fǎnbǐ	héwàilì
(　　)	(　　)	(　　)	(　　)

二、根据课文判断正误。

1. 只有人对物体有力的作用才叫力。(　　)

2. 力的作用可以有两个物体，也可以有三个物体。(　　)

3. 一个人推自行车，自行车是施力物体，人是受力物体。(　　)

4. 施力物体不会受到力的作用。(　　)

5. 你用手打别人，你的手也会疼，这是因为力的作用是相互的。(　　)

6. 运动速度变化的快慢就是加速度。(　　)

7. 加速度就是表示质点速度变化快慢的物理量。(　　)

8. 加速度的方向和合外力的方向相反。(　　)

9. 没有力也可以改变物体的运动状态。(　　)

10. 在真空中，物体都有相同的加速度。(　　)

三、根据课文填空。

1. 物理学中，物体对物体的作用叫作__________。只要有力的作用，就一定有__________。一个是施加力的物体，叫__________，另一个是受到力的物体，叫__________。

2. 大量的事实说明，一个物体对另一个物体有力的作用的时候，另一个物体同时对这个物体也有__________，也就是说，力的作用是__________的。

3. 牛顿第二__________是指物体在受到合外力的作用会产生__________，加速度的方向和__________的方向相同，加速度的大小与合外力的大小成正比，与物体的惯性质量成反比。

4. 牛顿第二定律是力的______________作用结果，加速度和力同时_______、同时_______、同时_______。牛顿第二定律告诉我们，如果要改变物体的运动状态，必须有力。

四、根据词语组成句子。

1. 也　重的东西　可以　举起　起重机

2. 飞来的足球　我的头　出去　顶了　把

3. 跟着　他　起来　启动的　动了　汽车

4. 是　牛顿第二定律　的定律　加速度　关于

五、小实验。

给你一根筷子、一个玻璃杯、一些沙土。请你用筷子把玻璃杯提起来。跟你的同学一起讨论，你们是怎么做的？为什么这样做？

课文三　拓展阅读 1

rú guǒ shēng huó zhōng méi yǒu mó cā lì
如果生活中没有摩擦力

mó cā lì shì shēng huó zhōng hěn cháng jiàn de lì　yī gè
摩擦力是生活中很常见的力。一个
wù tǐ zài lìng yī gè wù tǐ biǎo miàn shàng huá dòng shí　huì
物体在另一个物体表面上滑动时，会

shòu dào zǔ ài tā yùn dòng de lì zhè zhǒng lì jiào zuò huá
受到阻碍它运动的力，这种力叫作滑
dòng mó cā lì wǒ men cháng cháng jiǎn dān de jiào tā mó cā
动摩擦力，我们常常简单地叫它摩擦
lì rú guǒ yǒu yī tiān shì jiè shàng tū rán méi yǒu le mó cā
力。如果有一天世界上突然没有了摩擦
lì shēng huó huì zěn me yàng ne
力，生活会怎么样呢？

dāng nǐ zǎo shàng xǐng lái nǐ hěn nán cóng chuáng shàng
当你早上醒来，你很难从床上
qǐ lái yīn wèi chuáng hé nǐ de shǒu zhī jiān yǐ jīng méi yǒu
起来，因为床和你的手之间已经没有
mó cā lì cóng chuáng shàng qǐ lái hòu nǐ de jiǎo gāng cǎi
摩擦力。从床上起来后，你的脚刚踩
dào dì shàng jiù huì shuāi gè sì jiǎo cháo tiān dì shàng hǎo
到地上，就会摔个四脚朝天，地上好
xiàng yǒu yī céng yóu yī yàng yīn wèi jiǎo hé dì miàn méi yǒu
像有一层油一样，因为脚和地面没有
mó cā lì jiù hěn nán zhàn qǐ lái zǒu lù yě hěn nán hǎo bù
摩擦力就很难站起来，走路也很难。好不
róng yì lái dào fàn zhuō qián kàn dào zhuō zi shàng yǒu niú
容易来到饭桌前，看到桌子上有牛
nǎi jī dàn jiǎo zi miàn bāo nǐ jué de hǎo chī jí le
奶、鸡蛋、饺子、面包，你觉得好吃极了，
xiǎng kuài diǎn ér zuò xià chī zǎo fàn dàn shì nǐ méi yǒu bàn
想快点儿坐下吃早饭。但是你没有办
fǎ ná qǐ kuài zi nà jiù yòng zuǐ zhí jiē chī ba yī dìng yě
法拿起筷子，那就用嘴直接吃吧？一定也
chī bù dào yīn wèi yá hé shí wù zhī jiān yě méi yǒu le mó cā
吃不到，因为牙和食物之间也没有了摩擦，
zhǐ néng tūn xià qù
只能吞下去。

chī wán zǎo fàn nǐ qù jiào shì shàng kè xiǎo xīn de zǒu
吃完早饭，你去教室上课，小心地走

zài lù shàng nǐ huì fā xiàn lù shàng tài luàn le qì chē
在路上，你会发现路上太乱了！汽车、
zì xíng chē yīn wèi hé dì miàn méi yǒu le mó cā suí biàn luàn
自行车因为和地面没有了摩擦，随便乱
zǒu lù shàng de rén yě shì dōng dǎo xī wāi nǔ lì de qù zì
走，路上的人也是东倒西歪，努力地去自
jǐ yào qù de dì fāng yī lù shàng shuāi le hěn duō jiāo shòu
己要去的地方。一路上摔了很多跤，受
le hěn duō shāng lái dào jiào shì nǐ kàn dào tóng xué men dōu
了很多伤来到教室，你看到同学们都
zhàn zhe ne yīn wèi dìng zi hé mù tóu méi yǒu le mó cā
站着呢，因为钉子和木头没有了摩擦，
zhuō zi yǐ zi dōu sàn le lǎo shī yě bù néng ná bǐ jiǎng kè
桌子、椅子都散了。老师也不能拿笔讲课
le nǐ yě ná bù qǐ lái shū le
了，你也拿不起来书了。

nǐ de shēng huó yīn wèi méi yǒu mó cā quán luàn le bié
你的生活因为没有摩擦全乱了。别
dān xīn shàng kè wǒ men kě yǐ yòng duō méi tǐ jiào shì yǒu
担心，上课我们可以用多媒体教室，有
diàn nǎo tóu yǐng jī hé dà píng mù jiù kě yǐ le jiāo tōng
电脑、投影机和大屏幕就可以了。交通
gōng jù ne bù yòng qì chē huǒ chē zì xíng chē le cí
工具呢？不用汽车、火车、自行车了，磁
xuán fú liè chē bù xū yào hé dì miàn mó cā kāi dòng qǐ lái
悬浮列车不需要和地面摩擦，开动起来
hěn ān quán ràng tā tíng xià lái zhǐ xū yào duàn diàn jiù kě yǐ
很安全。让它停下来只需要断电就可以
le kě shì wǒ men chī shén me ne kě yǐ bǎ shí wù dōu zuò
了。可是我们吃什么呢？可以把食物都做
chéng guǒ dòng bù yòng yá yě néng chī xià qù zěn me
成果冻，不用牙也能吃下去。怎么
yàng nǐ kě yǐ jì xù shēng huó ma
样？你可以继续生活吗？

nǐ yī dìng huì shuō suī rán wǒ men yòng yī xiē fāng fǎ
你一定会说，虽然我们用一些方法
jiě jué le wèn tí dàn shì méi yǒu mó cā lì de shēng huó hái
解决了问题，但是没有摩擦力的生活还
shì hěn kě pà ràng wǒ men hǎo hǎo ài zhè gè yǒu mó cā lì
是很可怕。让我们好好爱这个有摩擦力
de shì jiè ba
的世界吧！

gēn jù wén zhāng huí dá wèn tí
根据文章回答问题

rú guǒ méi yǒu mó cā lì wǒ men de shēng huó huì zěn
1. 如果没有摩擦力，我们的生活会怎
me yàng ne
么样呢？

yǒu shén me fāng fǎ néng shì yìng méi yǒu mó cā lì de
2. 有什么方法能适应没有摩擦力的
shēng huó ne
生活呢？

wǒ men de shì jiè kě néng shī qù mó cā lì ma
3. 我们的世界可能失去摩擦力吗？

dú le zhè piān wén zhāng nǐ yǒu shén me xiǎng fǎ
4. 读了这篇文章，你有什么想法？

课文四　拓展阅读 2

niú dùn hé wàn yǒu yǐn lì
牛顿和万有引力

yīng guó yǒu yī gè qīng nián míng jiào ài sà kè niú dùn
英国有一个青年，名叫艾萨克·牛顿，

tā shì yán jiū wù lǐ de kē xué jiā niú dùn fēi cháng shàn yú
他是研究物理的科学家。牛顿非常善于
sī kǎo cháng cháng duì yī xiē hěn píng cháng de xiàn xiàng jìn
思考，常常对一些很平常的现象进
xíng shēn rù de sī kǎo
行深入的思考。

yǒu yī tiān tā zhèng zuò zài píng guǒ shù xià xiū xī hū
有一天，他正坐在苹果树下休息，忽
rán yī gè shú píng guǒ diào xià lái zá dào tā de tóu shàng
然一个熟苹果掉下来，砸到他的头上。
tā mō le mō bèi zá tòng de dì fāng zhè shí niú dùn jiù xiǎng
他摸了摸被砸痛的地方。这时，牛顿就想
dào yī gè wèn tí dāng bǎ qiú pāo xiàng kōng zhōng shí tā
到一个问题：当把球抛向空中时，它
wèi shén me bù yī zhí xiàng shàng shēng qù ér zǒng shì xiàng
为什么不一直向上升去，而总是向
xià luò ne niú dùn jiǎn qǐ píng guǒ tū rán yǒu yī zhǒng qí
下落呢？牛顿捡起苹果突然有一种奇
guài de xiǎng fǎ shì bù shì yǒu yī zhǒng kàn bù jiàn de lì
怪的想法，是不是有一种看不见的力
liàng zài qǐ zuò yòng bǎ píng guǒ lā xiàng dì miàn ne guò
量在起作用，把苹果拉向地面呢？过
le hěn jiǔ niú dùn zhōng yú jiě dá le zhè gè wèn tí bìng yóu
了很久，牛顿终于解答了这个问题，并由
cǐ tuī suàn chū yī gè gōng shì zhè jiù shì wàn yǒu yǐn lì
此推算出一个公式，这就是“万有引力
dìng lǜ
定律”。

tā rèn wéi shì jiè shàng měi gè wù tǐ dōu yǒu yī zhǒng
他认为世界上每个物体都有一种
kàn bù jiàn de lì xī yǐn zhe qí tā wù tǐ zhòng de wù tǐ bǐ
看不见的力吸引着其他物体，重的物体比
qīng de wù tǐ xī yǐn lì dà wǒ men shēng huó de dì qiú bǐ
轻的物体吸引力大，我们生活的地球比

dì qiú shàng de wàn wù dōu dà de duō zhòng de duō suǒ yǐ
地球上的万物都大得多、重得多，所以
xiàng shàng pāo de suǒ yǒu wù tǐ zuì zhōng dōu huì luò dào dì
向上抛的所有物体最终都会落到地
shàng zhè jiù shì dì qiú tōng guò wàn yǒu yǐn lì zuò yòng de
上，这就是地球通过万有引力作用的
jié guǒ
结果。

niú dùn de fā xiàn bù jǐn kě yǐ jiě shì dì qiú shàng de wù
牛顿的发现不仅可以解释地球上的物
lǐ xiàn xiàng hái kě yǐ jiě shì yǔ zhòu tiān tǐ jiān de xiàn
理现象，还可以解释宇宙天体间的现
xiàng zài dì qiú zhī wài hái yǒu xǔ duō xíng xīng tā men yě
象。在地球之外，还有许多行星，它们也
dōu shì tōng guò wàn yǒu yǐn lì xī yǐn zài yī qǐ de suǒ yǐ
都是通过万有引力吸引在一起的，所以
dì qiú huì rào zhe tài yáng zhuàn yòu shì zhè zhǒng yǐn lì bǎ
地球会绕着太阳转。又是这种引力把
tā men gù dìng zài gè zì de wèi zhì shàng cái shǐ dé tā men
它们固定在各自的位置上，才使得它们
suī rán zài tóng yī tiān kōng xià yùn dòng què bù huì fā shēng
虽然在同一天空下运动，却不会发生
pèng zhuàng
碰撞。

niú dùn de wàn yǒu yǐn lì dìng lǜ bù jǐn shuō míng le xíng
牛顿的万有引力定律不仅说明了行
xīng yùn dòng guī lǜ ér qiě hái zhǐ chū mù xīng tǔ xīng de
星运动规律，而且还指出木星、土星的
wèi xīng wéi rào xíng xīng yùn dòng yě yǒu tóng yàng de yùn
卫星围绕行星运动也有同样的运
dòng guī lǜ tā rèn wéi yuè qiú chú le shòu dào dì qiú de yǐn
动规律。他认为月球除了受到地球的引
lì wài hái shòu dào tài yáng de yǐn lì cóng ér jiě shì le yuè
力外，还受到太阳的引力，从而解释了月

qiú yùn dòng zhōng zǎo yǐ fā xiàn de èr jūn chā děng lìng wài
球运动中早已发现的二均差等。另外，
tā hái jiě shì le huì xīng de yùn dòng guǐ dào hé dì qiú shàng
他还解释了彗星的运动轨道和地球上
de cháo xī xiàn xiàng gēn jù wàn yǒu yǐn lì dìng lǜ chéng
的潮汐现象。根据万有引力定律成
gōng de yù yán bìng fā xiàn le hǎi wáng xīng wàn yǒu yǐn lì
功地预言并发现了海王星。万有引力
dìng lǜ chū xiàn hòu cái zhèng shì bǎ yán jiū tiān tǐ de yùn
定律出现后，才正式把研究天体的运
dòng jiàn lì zài lì xué lǐ lùn de jī chǔ shàng cóng ér chuàng
动建立在力学理论的基础上，从而创
lì le tiān tǐ lì xué jiǎn dān de shuō zhì liàng yuè dà de
立了天体力学。简单地说，质量越大的
dōng xī chǎn shēng de yǐn lì yuè dà zhè gè lì yǔ liǎng gè wù
东西产生的引力越大，这个力与两个物
tǐ de zhì liàng jūn chéng zhèng bǐ yǔ liǎng gè wù tǐ jiān de
体的质量均成正比，与两个物体间的
jù lí píng fāng chéng fǎn bǐ dì qiú de zhì liàng chǎn shēng de
距离平方成反比。地球的质量产生的
yǐn lì zú gòu bǎ dì qiú shàng de dōng xī quán bù zhuā láo
引力足够把地球上的东西全部抓牢。

xiǎo xiǎo de píng guǒ gěi le niú dùn zhè yàng dà de qǐ shì
小小的苹果给了牛顿这样大的启示。
qí shí tóng yàng de xiàn xiàng zài bié rén de yǎn lǐ zǎo yǐ sī
其实同样的现象在别人的眼里早已司
kōng jiàn guàn bù dāng zuò yī huí shì ér niú dùn què tōng guò
空见惯，不当作一回事，而牛顿却通过
zì jǐ de sī kǎo fā xiàn le wàn yǒu yǐn lì de guī lǜ zài
自己的思考发现了万有引力的规律。在
shēng huó zhōng rú guǒ wǒ men bèi píng guǒ zá le yī xià
生活中，如果我们被苹果砸了一下，
yǒu kě néng de fǎn yìng shì bǎ píng guǒ chī diào huò zhě rēng
有可能的反应是把苹果吃掉或者扔

de yuǎn yuǎn de kě shì xiǎo xiǎo de píng guǒ zá dào le niú
得远远的。可是小小的苹果砸到了牛

dùn de tóu shàng què gěi le niú dùn rú cǐ dà de qǐ shì
顿的头上，却给了牛顿如此大的启示。

niú dùn yǔ píng guǒ de gù shì gào sù wǒ men rèn zhēn
牛顿与苹果的故事告诉我们，认真

guān chá shēng huó dòng nǎo sī kǎo wèn tí jiù yǒu kě néng
观察生活，动脑思考问题，就有可能

fā xiàn shì jiè shàng de xǔ duō ào mì
发现世界上的许多奥秘。

第九单元

课文一　电　荷

夏天来了，上午还是晴天，下午就起了乌云，然后开始打雷，闪电，再然后就下起了大雨。**电闪雷鸣**是自然界中最常见的现象，可是你知道闪电是什么吗？它是电的一种。电就是**静止**或者**移动**的**电荷**。生活中我们可以用“电”这个字表示很多电的现象，但是在科学**领域**，必须用明确的**术语**表示不同的**概念**，比如电荷、电流、电场等。今天我们就学学电荷。

电荷是带电的**粒子**，带正电的粒子叫**正电荷**，人们规定用**丝绸**摩擦过的玻璃棒带的是正电荷。带负电的粒子叫**负电荷**，人们规定用毛皮摩擦过的**橡胶棒**带的是负电荷。电荷的量叫**电荷量**，符号是Q，单位是库仑（C）。电荷最基本的性质是相同种类的电荷互相**排斥**，不同种类的电荷互相**吸引**。

电荷不能创造，也不能**消灭**，只能从一个物体转移到另一个物体，或者从物体的一个部分转移到另一个部分。在转移的过程中，电荷的总量保持不变。这就是**电荷守恒定律**。

在自然界中，电荷都在物体里，没有单独存在的电荷。那为什么说有的物体带电，有的物体不带电呢？其实物体不带电是它里面的电子数和**质子**数一样。新的塑料袋很难打开，用手摩擦几下就打开了，因为用手摩擦后带同一种电荷，它们互相排斥。用塑料**梳子**梳头发时，有时候头发**粘**在梳子上了，是因为它们带不同种类的电荷，互相吸引。

（资料来源：《物理》九年级全册，人民教育出版社，有删改）

生词

电闪雷鸣	diànshǎn léimíng	lightning flashes and thunder rumbles
静止	jìngzhǐ	motionless
移动	yídòng	move; remove
电荷	diànhè	electric charge
领域	lǐngyù	field; domain
术语	shùyǔ	terminology
概念	gàiniàn	notion; concept
粒子	lìzi	particle
正电荷	zhèngdiànhè	positive charge
丝绸	sīchóu	silk cloth; silk
负电荷	fùdiànhè	negative charge
橡胶棒	xiàngjiāobàng	rubber rod
电荷量	diànhèliàng	charge quantity
排斥	páichì	exclude;repel
吸引	xīyǐn	attract

消灭	xiāomiè	eliminate; wipe out
电荷守恒定律	diànhè shǒuhéng dìnglǜ	law of electric charge conservation
质子	zhìzǐ	proton
梳子	shūzi	hairbrush
粘	zhān	adhesion

课文二 库仑定律

我们已经学习了电荷，也知道了电荷守恒定律，还了解了电荷之间有相互作用力——同种电荷相互排斥，异种电荷相互吸引。那么电荷之间相互作用力的大小跟什么有关系呢？有什么规律呢？今天我们就来学习这个知识。

库仑是法国物理学家，他做了大量的实验，在 1785 年得出了**库仑定律**。它就是：**真空**中两个静止**点电荷**之间的相互作用力，跟它们的电荷量的**乘积**成正比，跟它们的距离的二次方成反比，作用力的方向在它们的连线上。

它的公式是：$F = k(q_1q_2/r^2)$，F 是两个静止点电荷之间的相互作用力，k 是**静电力**常量，静电力就是电荷之间的相互作用力，$k = 9.0 \times 109\ \mathrm{N \cdot m^2/C^2}$。$q_1$、$q_2$ 是它们的电荷量，r 是它们之间的距离。

什么是点电荷呢？还记得我们学过的质点吗？一个物体的样子和大小跟它到别的物体的距离相比是极小的，或跟别的物体相比是极小的，那么这个物体就可看作一个质点。点电荷也一样，只要

带电体之间的距离比它们自己大很多，因为距离太远，我们可以不考虑这两个带电体的样子、大小和里面电荷**分布**情况，这样的带电体就可以叫“点电荷”。跟质点一样，点电荷也是一个理想模型。请注意，库仑定律一定要在真空中，而且是静止的点电荷。

库仑定律给出了两个点电荷作用力的大小和方向。库仑力也是力的一种，它当然必须遵守力的规律。

（资料来源：百度百科）

生词

库仑定律	kùlún dìnglǜ	Coulomb's law
真空	zhēnkōng	vacuum
点电荷	diǎndiànhè	point charge
乘积	chéngjī	product
静电力	jìngdiànlì	electrostatic force
带电体	dàidiàntǐ	charged body
分布	fēnbù	be distributed (over an area)

练习

一、根据拼音写词语。

diànhè（　　）　lìzi（　　）　sīchóu（　　）　xiàngjiāobàng（　　）

páichì ( ) xīyǐn ( ) zhēnkōng ( ) chéngjī ( )

jìngdiànlì ( ) fēnbù ( ) shǒuhéng ( ) yídòng ( )

dìnglǜ ( ) shūzi ( ) zhān ( )

二、根据课文判断正误。

1. 电就是移动的电荷。( )

2. 人们规定用丝绸摩擦过的玻璃棒带的是负电荷。( )

3. 人们规定用毛皮摩擦过的橡胶棒带的是正电荷。( )

4. 电荷的性质是相同种类的电荷互相排斥，不同种类的电荷互相吸引。( )

5. 在自然界中没有单独存在的电荷。( )

6. 两个静止点电荷之间的相互作用力，跟它们的电荷量的乘积成正比。( )

7. 点电荷跟质点一样，它们都是理想模型。( )

8. 库仑定律一定要在真空中，而且是静止的点电荷。( )

9. 库仑定律给出了两个点电荷作用力的样子和密度。( )

10. 静电力是两个正电荷之间的相互作用力。( )

三、根据课文填空。

1. 生活中我们可以用“电”这个字__________很多电的现象，但是在科学________，必须用明确的_________表示不同的概念，比如电荷、电流、电场等。

2. 电荷是带电的粒子，带正电的粒子叫___________，人们规定用＿＿＿＿＿＿摩擦过的玻璃棒带的是正电荷。带负电的粒子叫＿＿＿＿＿，人们规定用＿＿＿＿＿＿摩擦过的橡胶棒带的是负电荷。

3. 库仑是法国＿＿＿＿＿学家，他做了大量的实验，在 1785 年得出了＿＿＿＿＿。它就是：真空中两个静止点电荷之间的相互＿＿＿＿＿＿，跟它们的电荷量的乘积成＿＿＿＿＿，跟它们的距离的二次方成＿＿＿＿＿，作用力的方向在它们的连线上。

4. 只要带电体之间的＿＿＿＿＿＿＿＿比它们自己大很多，因为距离太远，我们可以不考虑这两个带电体的＿＿＿＿＿＿＿＿、大小和里面电荷＿＿＿＿＿＿＿情况，这样的带电体就可以叫“点电荷”。

四、根据词语组成句子。

1. 自然界　是　中　的现象　电闪雷鸣　最常见

2. 从　电荷　到　只能　一个物体　另一个物体　转移

3. 电荷　有　的大小　相互作用力　规律　之间

4. 库仑力　遵守　必须　规律　力的

五、小实验。

把一张薄纸卷成筒状，把下边撕成一条一条的，用摩擦好的塑料棒去碰这些小纸条，你有什么发现？为什么会这样？

课文三　拓展阅读 1

jìng diàn
静电

zài wǒ men de shēng huó zhōng rén men cháng cháng huì
在我们的生活中，人们常常会
yù dào zhè yàng de qíng kuàng wǎn shàng tuō yī fu shuì jiào
遇到这样的情况：晚上脱衣服睡觉
shí hēi àn zhōng cháng tīng dào pī pā de shēng xiǎng
时，黑暗中常听到“噼啪”的声响，
ér qiě huì kàn dào lán guāng zǎo shàng qǐ lái shū tóu shí tóu
而且会看到蓝光；早上起来梳头时，头
fà huì zhān zài shū zi shàng yǒu shí hái huì piāo qǐ lái gēn
发会粘在梳子上，有时还会飘起来；跟
xīn péng yǒu jiàn miàn wò shǒu shí shǒu zhǐ gāng yī pèng dào
新朋友见面握手时，手指刚一碰到
duì fāng huì tū rán gǎn dào zhǐ jiān cì tòng bǎ rén xià yī
对方，会突然感到指尖刺痛，把人吓一
tiào hái yǒu lā mén bǎ shǒu kāi shuǐ lóng tóu shí dōu yǒu kě
跳；还有拉门把手、开水龙头时都有可
néng huì chù diàn zhè xiē qíng kuàng cháng cháng fā shēng
能会“触电”，这些情况常常发生
zài hán lěng de qiū dōng jì jié tā men shì zěn me huí shì
在寒冷的秋冬季节，它们是怎么回事
ne zhè jiù shì fā shēng zài rén tǐ de jìng diàn
呢？这就是发生在人体的静电。

jìng diàn bù shì jìng zhǐ de diàn hè shì zàn shí tíng liú zài
静电不是静止的电荷，是暂时停留在
mǒu gè dì fāng de diàn hè
某个地方的电荷。

yī qiè wù zhì dōu shì yóu yuán zǐ zǔ chéng de yuán zǐ
一切物质都是由原子组成的，原子

de jī běn jié gòu shì zhì zǐ zhōng zǐ hé diàn zǐ kē xué jiā
的基本结构是质子、中子和电子。科学家
men fā xiàn zhì zǐ dài zhèng diàn zhōng zǐ bù dài diàn diàn
们发现质子带正电，中子不带电，电
zǐ dài fù diàn zài zhèng cháng zhuàng kuàng xià yī gè yuán zǐ
子带负电。在正常状况下，一个原子
de zhì zǐ yǔ diàn zǐ shù liàng xiāng tóng zhèng fù diàn píng
的质子与电子数量相同，正负电平
héng suǒ yǐ duì wài biǎo xiàn chū bù dài diàn de xiàn xiàng
衡，所以对外表现出不带电的现象。
dàn shì rú guǒ yǒu mó cā huò zhě yǒu dòng néng rè néng huà
但是如果有摩擦或者有动能、热能、化
xué néng děng de zuò yòng jiù huì shǐ yuán zǐ de zhèng fù
学能等的作用，就会使原子的正负
diàn bù píng héng zhèng fù diàn bù píng héng jìng diàn jiù
电不平衡。正负电不平衡，静电就
chǎn shēng le yǒu xiē qíng kuàng xià bù mó cā yě néng chǎn
产生了。有些情况下，不摩擦也能产
shēng jìng diàn rú gǎn yìng jìng diàn qǐ diàn rè diàn hé yā
生静电，如感应静电起电，热电和压
diàn qǐ diàn pēn shè qǐ diàn děng yīn wèi kōng qì yě shì yóu
电起电、喷射起电等。因为空气也是由
yuán zǐ zǔ chéng de suǒ yǐ kě yǐ zhè me shuō zài rén men
原子组成的，所以可以这么说，在人们
shēng huó de rèn hé shí jiān rèn hé dì diǎn dōu yǒu kě néng
生活的任何时间、任何地点都有可能
chǎn shēng jìng diàn yào wán quán xiāo chú jìng diàn jī hū bù
产生静电。要完全消除静电几乎不
kě néng dàn kě yǐ xiǎng yī xiē bàn fǎ kòng zhì jìng diàn ràng
可能，但可以想一些办法控制静电，让
tā bù zài má fán wǒ men
它不再麻烦我们。

nà shēng huó zhōng wǒ men gāi zěn me zuò ne shǒu
那生活中我们该怎么做呢？首

xiān shǎo chuān huà xué xiān wéi de yī fu duō chuān mián
先，少穿化学纤维的衣服，多穿棉、
má de yī fu qí cì shū tóu qián kě yǐ bǎ shū zi fàng zài
麻的衣服。其次，梳头前可以把梳子放在
shuǐ lǐ yī xià ér zài shū tóu hái yǒu yào lā mén kāi shuǐ
水里一下儿再梳头。还有，要拉门、开水
lóng tóu qián xiān xǐ xǐ shǒu huò zhě xiān yòng yào shi pèng
龙头前先洗洗手，或者先用钥匙碰
pèng tā men nǐ hái zhī dào nǎ xiē hǎo bàn fǎ ne
碰它们。你还知道哪些好办法呢？

zī liào lái yuán bǎi dù bǎi kē
（资料来源：百度百科）

gēn jù wén zhāng huí dá wèn tí
根据文章回答问题

wèi shén me dōng tiān rén tǐ cháng cháng dài jìng diàn
1. 为什么冬天人体常常带静电？

yuán zǐ de jī běn jié gòu shì zěn me yàng de
2. 原子的基本结构是怎么样的？

bù mó cā yě néng chǎn shēng jìng diàn ma
3. 不摩擦也能产生静电吗？

shēng huó zhōng zěn me zuò néng jiǎn shǎo jìng diàn duì wǒ men de yǐng xiǎng ne
4. 生活中怎么做能减少静电对我们的影响呢？

课文四　拓展阅读 2

diàn lù hé ōu mǔ dìng lǜ

电路和欧姆定律

diàn liú liú guò de huí lù jiào zuò diàn lù diàn lù yóu diàn
电流流过的回路叫作电路。电路由电
yuán yòng diàn qì fù zài lián jiē dǎo xiàn kāi guān sì bù
源、用电器（负载）、连接导线、开关四部
fen yuán qì jiàn gòu chéng diàn lù dǎo tōng jiào zuò tōng lù
分元器件构成。电路导通叫作通路，
jí diàn lù zhōng yǒu diàn liú tōng guò mǒu yī chù duàn kāi de
即电路中有电流通过。某一处断开的
diàn lù jiào zuò duàn lù rú guǒ diàn lù zhōng diàn yuán zhèng
电路叫作断路。如果电路中电源正
fù jí jiān méi yǒu fù zài ér shì zhí jiē jiē tōng jiào zuò duǎn
负极间没有负载而是直接接通叫作短
lù shí jì cāo zuò zhōng duǎn lù shì jué bù yǔn xǔ de yīn wèi
路。实际操作中短路是决不允许的，因为
duǎn lù huì dǎo zhì diàn yuán yòng diàn qì diàn liú biǎo děng
短路会导致电源、用电器、电流表等
bèi shāo huài fā shēng wēi xiǎn
被烧坏，发生危险。

chuàn lián shì lián jiē diàn lù yuán jiàn de jī běn fāng shì
串联是连接电路元件的基本方式
zhī yī jiāng diàn lù yuán jiàn rú diàn zǔ diàn róng diàn
之一。将电路元件（如电阻、电容、电
gǎn yòng diàn qì děng zhú gè shùn cì shǒu wěi xiāng lián
感、用电器等）逐个顺次首尾相连
jiē jiāng gè yòng diàn qì chuàn lián qǐ lái zǔ chéng de diàn lù
接，将各用电器串联起来组成的电路
jiào chuàn lián diàn lù kāi guān zài rèn hé wèi zhì kòng zhì
叫串联电路。开关在任何位置控制

zhěng gè diàn lù diàn liú zhǐ yǒu yī tiáo tōng lù chuàn lián
整个电路，电流只有一条通路。串联
diàn lù zhōng suǒ yǒu chuàn lián yuán jiàn de diàn liú shì tóng
电路中所有串联元件的电流是同
yī gè diàn liú jí yuán jiàn chuàn lián
一个电流，即 $I_{总}=I_1=I_2=I_3=\cdots=I_n$；元件串联
hòu de zǒng diàn yā shì suǒ yǒu yuán jiàn de duān diàn yā zhī
后的总电压是所有元件的端电压之
hé jí
和，即 $U_{总}=U_1+U_2+U_3+\cdots+U_n$。

bìng lián diàn lù shì jiāng liǎng gè jí yǐ shàng de yuán qì
并联电路是将两个及以上的元器
jiàn shǒu shǒu xiāng jiē wěi wěi xiāng lián zǔ chéng qǐ lái de
件首首相接、尾尾相连组成起来的
diàn lù bìng lián diàn lù yǔ chuàn lián diàn lù xiāng fǎn bìng
电路。并联电路与串联电路相反，并
lián diàn lù de zǒng diàn liú shì suǒ yǒu yuán jiàn de diàn liú zhī
联电路的总电流是所有元件的电流之
hé jí suǒ yǒu bìng lián yuán jiàn de
和，即 $I_{总}=I_1+I_2+I_3+\cdots+I_n$；所有并联元件的
duān diàn yā shì tóng yī gè diàn yā jí
端电压是同一个电压，即 $U_{总}=U_1=U_2=U_3=\cdots=U_n$。

zài zhōng guó mín yòng zhào míng dēng pào cǎi yòng de
在中国，民用照明灯泡采用的
dōu shì bìng lián diàn lù bìng lián jiē dào é dìng diàn yā
都是并联电路，并联接到 220 V额定电压
de diàn yuán shàng měi zhī dēng pào suǒ chéng shòu de diàn yā
的电源上，每只灯泡所承受的电压
dōu shì ér wài diàn lù de zǒng diàn liú zé shì liú guò
都是 220 V，而外电路的总电流则是流过
suǒ yǒu dēng pào de diàn liú zhī hé
所有灯泡的电流之和。

shí jì shēng huó zhōng de diàn lù dōu bǐ jiào fù zá guī
实际生活中的电路都比较复杂，规
mó yě bù jìn xiāng tóng cóng guī piàn shàng de jí chéng diàn
模也不尽相同，从硅片上的集成电
lù dào gāo dī yā shū diàn wǎng dōu shì diàn lù de shí jì
路到高低压输电网，都是电路的实际
yìng yòng
应用。

xià miàn wǒ men zài lái xué xí ōu mǔ dìng lǜ qiáo zhì xī
下面我们再来学习欧姆定律。乔治·西
méng ōu mǔ shì dé guó zhù míng de wù lǐ
蒙·欧姆（George Simon Ohm）是德国著名的物理
xué jiā tā yú nián fā xiàn le diàn zǔ zhōng diàn liú yǔ diàn
学家，他于1826年发现了电阻中电流与电
yā de zhèng bǐ guān xì jí ōu mǔ dìng lǜ jiǎn dān lái shuō ōu
压的正比关系，即欧姆定律。简单来说，欧
mǔ dìng lǜ shì zài tóng yī diàn lù zhōng tōng guò mǒu duàn dǎo
姆定律是在同一电路中，通过某段导
tǐ de diàn liú gēn zhè duàn dǎo tǐ liǎng duān de diàn yā chéng
体的电流跟这段导体两端的电压成
zhèng bǐ gēn zhè duàn dǎo tǐ de diàn zǔ chéng fǎn bǐ tā de
正比，跟这段导体的电阻成反比。它的
biāo zhǔn gōng shì shì shì diàn liú shì diàn yā shì
标准公式是：$I=\frac{U}{R}$，I是电流，U是电压，R是
diàn zǔ
电阻。

ōu mǔ dìng lǜ shì yòng yú cháng wēn huò shāo dī wēn tiáo
欧姆定律适用于常温或稍低温条
jiàn xià de chún diàn zǔ diàn lù jīn shǔ dǎo diàn hé diàn jiě yè
件下的纯电阻电路，金属导电和电解液
dǎo diàn dāng wēn dù guò dī dá dào mǒu yī wēn dù shí jīn
导电。当温度过低，达到某一温度时，金
shǔ dǎo tǐ kě néng cóng zhèng cháng tài jìn rù chāo dǎo tài
属导体可能从正常态进入超导态。

chǔ yú chāo dǎo tài de dǎo tǐ diàn zǔ xiāo shī le bù jiā diàn
处于超导态的导体电阻消失了，不加电
yā yě kě yǐ yǒu diàn liú yīn cǐ ōu mǔ dìng lǜ bù shì yòng yú
压也可以有电流，因此欧姆定律不适用于
chāo dǎo tài lìng wài duì yú qì tǐ diàn lí tiáo jiàn xià suǒ
超导态。另外，对于气体电离条件下所
chéng xiàn de dǎo diàn zhuàng tài hái yǒu yī xiē dǎo diàn qì
呈现的导电状态，还有一些导电器
jiàn rú diàn zǐ guǎn jīng tǐ guǎn děng ōu mǔ dìng lǜ yě bù
件如电子管、晶体管等，欧姆定律也不
chéng lì
成立。

suí zhe kē xué jiā men duì diàn lù yán jiū de shēn rù rén
随着科学家们对电路研究的深入，人
men zhú jiàn rèn shí dào le ōu mǔ dìng lǜ de zhòng yào xìng
们逐渐认识到了欧姆定律的重要性，
zài zì rán kē xué de gè gè lǐng yù ōu mǔ dìng lǜ dōu zhǎn
在自然科学的各个领域，欧姆定律都展
shì chū tā de miào yòng zài pǔ tōng wù lǐ xué lǐ duì yú wù
示出它的妙用。在普通物理学里，对于物
zhì de wēi guān céng cì diàn xìng zhì de yán jiū huì shǐ yòng
质的微观层次电性质的研究，会使用
dào ōu mǔ dìng lǜ zài níng jù tài wù lǐ xué lǐ ōu mǔ dìng
到欧姆定律；在凝聚态物理学里，欧姆定
lǜ gèng fù zá gèng guǎng yì de fāng chéng fēi cháng zhòng
律更复杂、更广义的方程非常重
yào zài diàn jī gōng chéng xué hé diàn zǐ gōng chéng xué lǐ
要；在电机工程学和电子工程学里，
ōu mǔ dìng lǜ néng gòu zài hóng guān céng cì biǎo dá diàn yā
欧姆定律能够在宏观层次表达电压
yǔ diàn liú zhī jiān de guān xì jí diàn lù yuán jiàn liǎng duān
与电流之间的关系，即电路元件两端
de diàn yā yǔ tōng guò de diàn liú zhī jiān de guān xì
的电压与通过的电流之间的关系。

ōu mǔ dìng lǜ de fā xiàn gěi diàn xué jì suàn dài lái le
欧姆定律的发现，给电学计算带来了
hěn dà de fāng biàn shì zài diàn xué shǐ shàng jù yǒu lǐ chéng
很大的方便，是在电学史上具有里程
bēi yì yì de gòng xiàn wèi le jì niàn ōu mǔ duì diàn cí xué
碑意义的贡献。为了纪念欧姆对电磁学
de gòng xiàn ōu mǔ qù shì nián hòu wù lǐ xué jiè jiāng
的贡献，欧姆去世10年后，物理学界将
diàn zǔ de dān wèi mìng míng wéi ōu mǔ yòng fú hào lái
电阻的单位命名为欧姆，用符号Ω来
biǎo shì
表示。

zī liào lái yuán wù lǐ jiǔ nián jí quán cè rén mín jiào
（资料来源：《物理》九年级全册，人民教
yù chū bǎn shè yǒu shān gǎi
育出版社，有删改）

第十单元

课文一　振动与波

大家都知道光是一种**波动**。人眼能看到的可见光就是**波长**在 400 ~ 760 **纳米**的**电磁波**。在物理学的**范畴**内存在着各种各样的波动，例如声波、地震波这一类机械波，又如无线电波、**微波**这一类电磁波，再如电子波这一类物质波。各种波动有许多共性，比如反射、干涉、散射等。

机械波动是一种比较直观的波动，认识机械波的规律，掌握波动的共性有助于理解各种波动的性质。机械波是机械振动在介质中的**传播**。各种波动都与振动紧密相连。在物理学的范畴内也有各种各样的振动，如机械振动、电磁振动，甚至心脏的搏动也可看作一种**振动**。

任何物理量随时间的周期性或近似于周期性的变化都可称为振动，其中最简单的是一维机械简谐运动。振动一经开始就会无限期地等幅继续下去。然而，实际情形对运动的**阻力**总是存在的。所有对振动的阻滞统称阻力。存在阻力时的运动称为阻力振动。

摩擦阻力是最常见的动摩擦力，其大小不变，与振子运动的速度无关。然而，实际物体振动时所受的阻力在很多情形下是其所处的介质——气体或液体的摩擦阻力，例如空气的阻力。这种摩擦阻力在一定的范围内，可看作与物体运动的速率成正比而方向与速度方向相反。

（资料来源：梁励芬、蒋平，《大学物理简明教程》第 2 版，复旦大学出版社，2005 年）

生词

波动	bōdòng	wave
波	bō	wave
纳米	nàmǐ	nanometer
电磁波	diàncíbō	electromagnetic wave
范畴	fànchóu	category
微波	wēibō	microwave
传播	chuánbō	spread
振动	zhèndòng	vibration
阻力	zǔlì	resistance

课文二　机械波

在自然界里，波动是很常见的物理现象。物理学的很多分支领域也都与波动有关。由于波动是如此普遍，这一概念的使用早已超出物理学的范围，甚至**渗透**到了人文科学与社会科学的领域。

通常物理学中关于波动的定义是振动在**介质**中的传播，这对机械波动是**适用**的。例如，声音或声波就是机械振动在空气中的传播，水面波也是**机械波**在水面的传播。但是，电磁波、光波（一定频率的电磁波）传播就不需要有介质。电子波的传播也不一定需要介质。机械波是最简单、最直观的波动。

在机械波传播的过程中，波动经过的介质中的每一个质点都要发生振动。振动质点**位移**的方向如与波的传播方向相同，则成为纵波，而如相互垂直则成为横波。另一方面，也常根据任一时刻波动传播所达到的**边界**的形状，将波动分为平面波与球面波。

我们都有这样的经验，如果绳子的一端**固定**，拉紧后在另一端突然沿垂直于绳子的方向抖动一下又回到原先的位置不动，就会有一鼓包形的突起沿绳子传播，这是一种“**脉冲**”波。

（资料来源：梁励芬、蒋平，《大学物理简明教程》第 2 版，复旦大学出版社，2005 年）

生词

渗透	shèntòu	infiltrate; permeate
介质	jièzhì	medium
适用	shìyòng	apply
机械波	jīxièbō	mechanical wave
位移	wèiyí	displacement

边界	biānjiè	boundary
固定	gùdìng	fixed
脉冲	màichōng	pulse

练习

一、看拼音写词语。

bōdòng ( ) nàmǐ ( ) fànchóu ( ) chuánbō ( )

zhèndòng ( ) zǔlì ( ) shèntòu ( ) jièzhì ( )

shìyòng ( ) wèiyí ( ) biānjiè ( ) gùdìng ( )

màichōng ( )

二、根据课文判断正误。

1. 光不是一种波动。( )

2. 机械波是一种比较直观的波动。( )

3. 波动与振动没有关系。( )

4. 波动这一概念的使用早已超出物理范围，甚至渗透到了人文学科与社会学科的领域。( )

5. 电磁波和光波的传播不需要有介质。( )

三、根据课文填空。

1. 人眼能看到的可见光是__________在__________纳米的电磁波。

2. 各种波动有许多共性，比如_______、_______、_______等。

3. 机械波是机械振动在介质中的_________。

4. 振动一经开始就会_________地等幅传播下去。

5. 根据任意时刻波动传播所达到的_________的形状，将波动分为平面波与球面波。

四、将下列词语组成句子。

1. 机械振动　声音　空气中的　在　是　传播

2. 是　波动　介质中的　振动　在　传播

五、将适当的词语连在一起。

超出	绳子
相互	现象
拉紧	范围
常见	方向
位移	垂直

课文三　拓展阅读 1

dì zhèn bō shì yóu dì zhèn zhèn yuán xiàng sì
地震波(seismic wave)是由地震震源向四
chù chuán bō de zhèn dòng zhǐ cóng zhèn yuán chǎn shēng xiàng
处传播的振动，指从震源产生向
sì zhōu fú shè de tán xìng bō àn chuán bō fāng shì kě fēn wéi
四周辐射的弹性波。按传播方式可分为
zòng bō bō héng bō bō zòng bō hé héng bō jūn shǔ
纵波（P波)、横波(S波)(纵波和横波均属
yú tǐ bō hé miàn bō bō sān zhǒng lèi xíng dì zhèn fā shēng
于体波)和面波(L波)三种类型。地震发生
shí zhèn yuán qū de jiè zhì fā shēng jí sù de pò liè hé yùn
时，震源区的介质发生急速的破裂和运
dòng zhè zhǒng rǎo dòng gòu chéng yī gè bō yuán yóu yú dì
动，这种扰动构成一个波源。由于地
qiú jiè zhì de lián xù xìng zhè zhǒng bō dòng jiù xiàng dì qiú
球介质的连续性，这种波动就向地球
nèi bù jí biǎo céng gè chù chuán bō kāi qù xíng chéng le lián
内部及表层各处传播开去，形成了连
xù jiè zhì zhōng de tán xìng bō
续介质中的弹性波。

dì zhèn xué de zhǔ yào nèi róng zhī yī jiù shì yán jiū dì
地震学的主要内容之一就是研究地
zhèn bō suǒ dài lái de xìn xī dì zhèn bō shì yī zhǒng jī xiè
震波所带来的信息。地震波是一种机械
yùn dòng de chuán bō chǎn shēng yú dì qiú jiè zhì de tán xìng
运动的传播，产生于地球介质的弹性。
tā de xìng zhì hé shēng bō hěn jiē jìn yīn cǐ yòu chēng dì
它的性质和声波很接近，因此又称地
shēng bō dàn pǔ tōng de shēng bō zài liú tǐ zhōng chuán bō
声波。但普通的声波在流体中传播，

ér dì zhèn bō shì zài dì qiú jiè zhì zhōng chuán bō suǒ yǐ yào
而地震波是在地球介质中传播，所以要
fù zá de duō zài jì suàn shàng dì zhèn bō hé guāng bō yǒu
复杂得多，在计算上地震波和光波有
xiē xiāng sì zhī chù bō dòng guāng xué zài duǎn bō de qíng
些相似之处。波动光学在短波的情
kuàng xià kě yǐ guò dù dào jǐ hé guāng xué cóng ér jiǎn huà
况下可以过渡到几何光学，从而简化
le jì suàn tóng yàng de zài yī dìng tiáo jiàn xià dì zhèn bō
了计算；同样地，在一定条件下地震波
de gài niàn kě yǐ yòng dì zhèn shè xiàn lái dài tì ér xíng
的概念可以用地震射线来代替而形
chéng le jǐ hé dì zhèn xué bù guò guāng bō zhǐ shì héng bō
成了几何地震学。不过光波只是横波，
dì zhèn bō què zòng héng liǎng bù fen dōu yǒu suǒ yǐ zài jù
地震波却纵、横两部分都有，所以在具
tǐ de jì suàn zhōng dì zhèn bō yào fù zá de duō
体的计算中，地震波要复杂得多。

zī liào lái yuán liáng lì fēn jiǎng píng dà xué wù lǐ jiǎn
（资料来源：梁励芬、蒋平，《大学物理简
míng jiào chéng dì bǎn fù dàn dà xué chū bǎn shè
明教程》第2版，复旦大学出版社，2005年）

gēn jù wén zhāng huí dá wèn tí
根据文章回答问题

dì zhèn bō shì jī xiè bō ma
1. 地震波是机械波吗？

dì zhèn bō shì zěn yàng chuán bō de
2. 地震波是怎样传播的？

dì zhèn bō yǒu nǎ xiē zhǒng lèi
3. 地震波有哪些种类？

课文四　拓展阅读 2

jī xiè zhèn dòng yǔ jī xiè bō de lián xì yǔ qū bié
机械振动与机械波的联系与区别

zhèn dòng bō dòng xiàn xiàng jì yǒu jǐn mì de lián xì yòu
振动、波动现象既有紧密的联系，又
yǒu běn zhì de qū bié zhǎng wò tā men de lián xì hé qū bié
有本质的区别，掌握它们的联系和区别
duì zhèng què bǎ wò hé lǐ jiě zhè liǎng zhǒng yùn dòng xíng shì
对正确把握和理解这两种运动形式
yǒu zhòng yào yì yì
有重要意义。

yī jī xiè zhèn dòng hé jī xiè bō de lián xì yǔ qū bié
一、机械振动和机械波的联系与区别

dì yī cóng chǎn shēng tiáo jiàn kàn zhèn dòng shì bō
第一，从产生条件看：振动是波
dòng de chéng yīn bō dòng shì zhèn dòng zài jiè zhì zhōng de
动的成因，波动是振动在介质中的
chuán bō yǒu bō dòng bì yǒu zhèn dòng dàn shì yǒu zhèn dòng
传播，有波动必有振动，但是有振动
wèi bì yǒu bō dòng suǒ yǐ chǎn shēng jī xiè bō de tiáo jiàn
未必有波动，所以产生机械波的条件
shì zhèn dòng jiè zhì
是：（1）振动；（2）介质。

dì èr cóng yùn dòng xiàn xiàng kàn zhèn dòng shì dān gè
第二，从运动现象看：振动是单个
zhì diǎn zài píng héng wèi zhì fù jìn de wǎng fù yùn dòng bō
质点在平衡位置附近的往复运动；波
dòng shì jiè zhì zhōng dà liàng zhì diǎn yī cì zhèn dòng ér xíng
动是介质中大量质点依次振动而形

chéng de bō dòng zhōng měi gè zhì diǎn de yùn dòng dōu shì
成的，波动中每个质点的运动都是
zài gè zì de píng héng wèi zhì fù jìn zuò zhèn dòng dàn shì
在各自的平衡位置附近做振动，但是，
gè gè zhì diǎn de zhèn dòng yǒu xiān hòu ér qiě zhì diǎn bìng
各个质点的振动有先后，而且质点并
bù suí bō de chuán bō ér qiān yí
不随波的传播而迁移。

dì sān cóng yùn dòng xìng zhì kàn zhèn dòng shì fēi yún
第三，从运动性质看：振动是非匀
sù zhōu qī xìng yùn dòng qí wèi yí sù dù jiā sù dù suí shí
速周期性运动，其位移、速度、加速度随时
jiān zuò zhōu qī xìng biàn huà ér bō de chuán bō shì yún sù
间做周期性变化；而波的传播是匀速
yùn dòng bō sù zhǐ yǔ chuán bō zhèn dòng de jiè zhì yǒu guān
运动，波速只与传播振动的介质有关，
yǔ zhèn dòng běn shēn wú guān bō chuán bō de jù lí yǔ shí
与振动本身无关。波传播的距离与时
jiān de guān xì wéi dàn duì yú bō shàng de měi gè zhì
间的关系为 $s=vt$，但对于波上的每个质
diǎn lái shuō tā de yùn dòng zhī shì zhèn dòng qí zhèn dòng
点来说，它的运动只是振动，其振动
zhōu qī děng yú zhèn yuán de zhōu qī
周期等于振源的周期。

lì guān yú zhèn dòng yǔ bō de guān xì xià liè shuō fǎ
例1. 关于振动与波的关系，下列说法
zhèng què de shì
正确的是（　　）

yǒu jī xiè bō bì yǒu jī xiè zhèn dòng yǒu jī xiè zhèn
A. 有机械波必有机械振动，有机械振
dòng bì yǒu jī xiè bō
动必有机械波。

yóu mǒu zhèn yuán chǎn shēng de bō bō de pín lǜ yǔ
B. 由某振源产生的波，波的频率与

zhèn yuán de pín lǜ xiāng tóng
振源的频率相同。

zhèn yuán de zhèn dòng sù dù yǔ bō sù xiāng děng
C. 振源的振动速度与波速相等。

dāng zhèn yuán zhèn dòng yī gè zhōu qī shí bō shàng
D. 当振源振动一个周期时，波上

de měi gè zhì diǎn qián jìn yī gè bō cháng de jù lí
的每个质点前进一个波长的距离。

jiě yóu yǐ shàng fēn xī kě zhī zhèng què dá àn wéi
解：由以上分析可知，正确答案为B。

èr zhèn dòng tú xiàng yǔ bō dòng tú xiàng de qū bié yǔ lián xì
二、振动图象与波动图象的区别与联系。

zhèn dòng tú xiàng hé bō dòng tú xiàng dōu shì zhèng
振动图象和波动图象都是正

xián huò yú xián qū xiàn dàn shì qí wù lǐ yì yì què bù
弦或余弦曲线，但是其物理意义却不

xiāng tóng
相同。

yī zhèn dòng tú xiàng
（一）振动图象

wù lǐ yì yì biǎo shì zhèn dòng de yī gè zhì diǎn
（1）物理意义：表示振动的一个质点

zài bù tóng shí kè lí kāi píng héng wèi zhì de wèi yí zhèn
在不同时刻离开平衡位置的位移。振

dòng tú xiàng suí shí jiān de yán cháng ér yán shēn dàn yuán
动图象随时间的延长而延伸，但原

yǒu de tú xiàng bù biàn
有的图象不变。

yóu tú xiàng kě què dìng de wù lǐ liàng zhèn fú
（2）由图象可确定的物理量：振幅、
zhōu qī kě què dìng zhì diǎn zài mǒu shí kè de wèi yí sù
周期；可确定质点在某时刻的位移、速
dù jiā sù dù de fāng xiàng
度、加速度的方向。

zhì diǎn yùn dòng fāng xiàng de pàn dìng zhèn dòng
（3）质点运动方向的判定：振动
tú xiàng zhōng zhì diǎn de sù dù fāng xiàng yǔ tú xiàng de qǐ
图象中质点的速度方向与图象的起
fú fāng xiàng yī zhì
伏方向一致。

èr bō dòng tú xiàng
（二）波动图象

wù lǐ yì yì biǎo shì jiè zhì zhōng zài bō de chuán
（1）物理意义：表示介质中在波的传
bō fāng xiàng shàng yī xì liè zhì diǎn zài tóng yī shí kè lí kāi
播方向上一系列质点在同一时刻离开
píng héng wèi zhì de wèi yí suí zhe shí jiān de tuī yí bō de
平衡位置的位移，随着时间的推移，波的
tú xiàng shì zài gèng duō de zhì diǎn cān yù xià yán shēn qiě
图象是在更多的质点参与下延伸，且
yuán yǒu tú xiàng yào suí zhī biàn huà
原有图象要随之变化。

yóu tú xiàng kě què dìng de wù lǐ liàng zhèn fú
（2）由图象可确定的物理量：振幅、
bō cháng kě què dìng gāi shí kè gè gè zhì diǎn de wèi yí sù
波长；可确定该时刻各个质点的位移、速
dù jiā sù dù de fāng xiàng
度、加速度的方向。

zhì diǎn zhèn dòng fāng xiàng de pàn dìng bō dòng tú
（3）质点振动方向的判定：波动图
xiàng zhōng zhì diǎn zhèn dòng de sù dù fāng xiàng kě yòng
象中质点振动的速度方向可用

shàng xià pō　fǎ zé pàn dìng　shè xiǎng yī gè rén yán bō
“上下坡”法则判定：设想一个人沿波

de chuán bō fāng xiàng qián jìn　bō xíng shēng gāo de fāng xiàng
的传播方向前进，波形升高的方向

jiào shàng pō　bō xíng xià jiàng de dì fāng jiào xià pō　shàng pō
叫上坡，波形下降的地方叫下坡，上坡

chù de zhì diǎn xiàng xià zhèn dòng　xià pō chù de zhì diǎn xiàng
处的质点向下振动，下坡处的质点向

shàng zhèn dòng　jì wéi　zhèng xiàng kàn　shàng pō xià　xià
上振动，记为“正向看，上坡下，下

pō shàng
坡上”。

lì　rú tú suǒ shì tú　biǎo shì yī liè jiǎn xié bō zài yán
例2. 如图所示，图(a)表示一列简谐波在沿

zhóu chuán bō shí de bō xíng tú　ruò yǐ tú shì qíng kuàng wéi
x轴传播时的波形图，若以图示情况为

jì shí qǐ diǎn nà me tú　de zhèn dòng tú xiàn yīng biǎo shì
计时起点，那么图(b)的振动图线应表示

de shì
的是(　　)

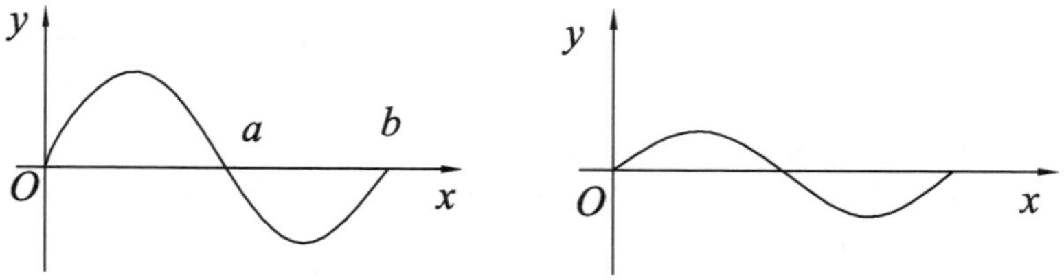

(a)　　　　(b)

dāng zhè liè bō yán　zhóu zhèng fāng xiàng chuán bō
A. 当这列波沿x轴正方向传播

shí　shì biǎo shì zhì diǎn　de zhèn dòng
时，是表示质点a的振动。

dāng zhè liè bō yán　zhóu fù fāng xiàng chuán bō shí
B. 当这列波沿x轴负方向传播时，

shì biǎo shì zhì diǎn　de zhèn dòng
是表示质点a的振动。

dāng zhè liè bō yán zhóu zhèng fāng xiàng chuán bō
C. 当这列波沿 x 轴正方向传播
shí shì biǎo shì zhì diǎn de zhèn dòng
时，是表示质点 b 的振动。

dāng zhè liè bō yán zhóu fù fāng xiàng chuán bō shí
D. 当这列波沿 x 轴负方向传播时，
shì biǎo shì zhì diǎn de zhèn dòng
是表示质点 b 的振动。

jiě xī yóu tú kě zhī shí gāi zhì diǎn cóng píng
解析：由图（b）可知，$t=0$ 时，该质点从平
héng wèi zhì kāi shǐ xiàng zhóu zhèng fāng xiàng yùn dòng jīng
衡位置开始向 y 轴正方向运动，经
dá dào zhèng xiàng zuì dà wèi yí cóng tú kě zhī ruò bō
$\frac{T}{4}$ 达到正向最大位移。从图（a）可知，若波
yán zhóu zhèng fāng xiàng chuán bō zé shí zhì diǎn de
沿 x 轴正方向传播，则 $t=0$ 时质点 a 的
zhèn dòng fāng xiàng yán zhóu zhèng fāng xiàng zhì diǎn de
振动方向沿 y 轴正方向，质点 b 的
zhèn dòng fāng xiàng yán zhóu fù fāng xiàng ruò bō yán zhóu
振动方向沿 y 轴负方向；若波沿 x 轴
fù fāng xiàng chuán bō zé shí zhì diǎn de zhèn dòng
负方向传播，则 $t=0$ 时质点 a、b 的振动
fāng xiàng fēn bié yǔ shàng shù fāng xiàng xiāng fǎn zhèng què
方向分别与上述方向相反。正确
dá àn wéi
答案为 A、D。

zī liào lái yuán liáng lì fēn jiǎng píng dà xué wù lǐ jiǎn
（资料来源：梁励芬、蒋平，《大学物理简
míng jiào chéng dì bǎn fù dàn dà xué chū bǎn shè nián
明教程》第 2 版，复旦大学出版社，2005 年）

化学篇

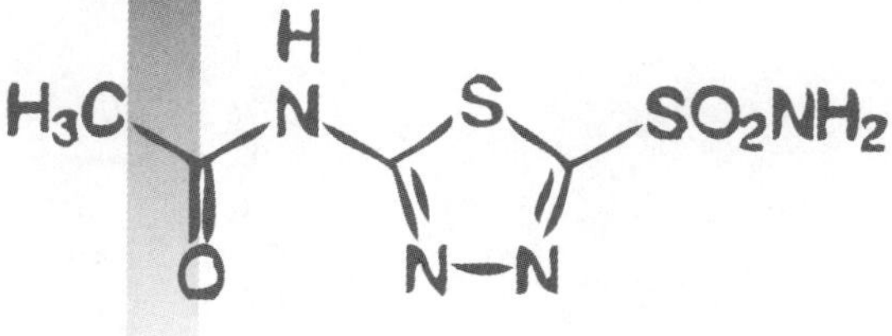

第十一单元

课文一　化学的发展历程

化学就是“变化的科学”，是一门以**实验**为基础的**自然科学**，它研究物质的组成、结构、性质和变化规律，是最古老、最有用的科学之一。现代化学分为五个部分：**无机化学**、**有机化学**、**物理化学**、**分析化学**与**高分子化学**。

化学的历史非常古老，从人类学会使用火，就开始了最早的化学活动，很多人称化学为“中心科学”，因为化学已经是很多科学**学科的核心**。

19 世纪是近代化学基本理论形成的时期。1803 年，道尔顿（Dalton）提出了**原子学说**；接着意大利科学家阿伏加德罗（Avogadro）提出**分子**概念，自从用原子-分子论来研究化学，化学才真正成为一门科学。19 世纪后期，门捷列夫（Mendeleev）发现**元素周期律**；德国化学家李比希和维勒建立起有机化学的基础；物理学中的**热力学理论**推动了物理化学的诞生。这些都使化学有了巨大的发展。

19 世纪末，**X 射线**、**放射性**和**电子**三项重大发现让我们了解了原子与原子核的内部结构，提出了科学上的新概念和新理论，化学也进入了现代化学的发展时期。

20 世纪以来，现代化学为我们提供了越来越多的新物质、新材料，同时，在和其他自然科学的合作中不断产生着新的学科。

（资料来源：百度百科）

生词

实验	shíyàn	experiment
自然科学	zìrán kēxué	natural science
无机化学	wújī huàxué	inorganic chemistry
有机化学	yǒujī huàxué	organic chemistry
物理化学	wùlǐ huàxué	physical chemistry
分析化学	fēnxī huàxué	analytical chemistry
高分子化学	gāofēnzǐ huàxué	polymer chemistry
学科	xuékē	subject, discipline
核心	héxīn	core
原子	yuánzǐ	atom
学说	xuéshuō	doctrine, theory
分子	fēnzǐ	molecule
元素周期律	yuánsù zhōuqī lù	periodic law of (chemical) elements
热力学	rèlìxué	thermodynamics
理论	lǐlùn	theory
X 射线	X shèxiàn	X ray

放射性	fàngshèxìng	radioactivity
电子	diànzǐ	electron

课文二 化学对人类社会的重要性

目前，化学已经影响到现代生活的各个方面。人们的衣、食、住、行越来越离不开化学。在服装上，大量的化学**合成纤维**代替了天然纤维，同时，在色彩上使用各种化学颜料，使现代服装更加美丽。现代食品中使用了各种**添加剂**、**防腐剂**、**调味剂**……也常常添加**维生素**和多种**微量元素**，使食品的色、香、味和营养都更加丰富。化学**诊断**和药物的开发、生产，治疗了越来越多的疾病。现代建筑离不开**水泥**、**钢筋**、玻璃、**涂料**和一些合成**高分子材料**，人们出行的交通工具如汽车、火车、飞机、轮船等，更离不开化学材料和燃料。

化学对**农学**、**生物学**、**药学**、**计算机科学**、**工程学**、**地质学**、物理学、**冶金学**等很多其他学科都有重大贡献。事实证明，化学学科的发展，大大加强了人类认识自然和改造自然的能力，也带来了工业和科技的飞速发展。可以说，化学在人类发展的历史中起到了“中心”的作用。

生词

合成	héchéng	synthetic

纤维	xiānwéi	fibre
添加剂	tiānjiājì	additive
防腐剂	fángfǔjì	preservative
调味剂	tiáowèijì	flavoring agent
维生素	wéishēngsù	Vitamin
微量元素	wēiliàng yuánsù	trace elements
诊断	zhěnduàn	diagnosis
水泥	shuǐní	cement
钢筋	gāngjīn	rebar
涂料	túliào	coating material
高分子材料	gāofēnzǐ cáiliào	polymeric material
农学	nóngxué	agronomy
生物学	shēngwùxué	biology
药学	yàoxué	pharmacy
计算机科学	jìsuànjī kēxué	computer science
工程学	gōngchéngxué	engineering science
地质学	dìzhìxué	geology
冶金学	yějīnxué	metallurgy

练习

一、根据拼音写词语。

zìrán kēxué ( ) yuánsù ( ) shíyàn ( ) héchéng xiānwéi ( )

wéishēngsù ( ) zhěnduàn ( ) wùlǐ huàxué ( )

wújī huàxué　　yǒujī huàxué　　rèlìxué
(　　　　)　　(　　　　)　　(　　)
fēnxī huàxué　　gāofēnzǐ huàxué　　yuánsù zhōuqī lǜ
(　　　　　)　　(　　　　　)　　(　　　　　)
yuánzǐhé　　fēnzǐ　　diànzǐ　　shèxiàn
(　　　)　　(　　)　　(　　)　　(　　)
fàngshèxìng　　tiānjiājì　　xuékē　　wùzhì
(　　　　)　　(　　　)　　(　　)　　(　　)

二、根据课文判断正误。

1. 化学的历史非常古老，并且是很多科学学科的核心。(　　)

2. 20 世纪是近代化学基本理论形成的时期。(　　)

3. 1803 年意大利科学家阿伏加德罗提出了原子学说；接着道尔顿提出了分子概念。(　　)

4. 自从门捷列夫发现元素周期律，化学才真正成为一门科学。(　　)

5. 物理学中的原子-分子论推动了物理化学的诞生。(　　)

6. X 射线、放射性和电子三项重大发现让我们建立起有机化学的基础，化学也进入了现代化学的发展时期。(　　)

7. 化学对很多其他学科都有重大贡献，化学学科的发展，大大加强了人类认识自然和改造自然的能力，也带来了工业和科技的飞速发展。(　　)

三、根据课文填空。

1. 化学就是“变化的科学”，是一门以__________________为基础的_________，它研究__________的组成、结构、性质和变化规律，是最古老、最有用的科学之一。

2. 现代化学分为五个部分：________________。

3. 1803 年道尔顿提出了________；接着意大利科学家阿伏加德罗提出__________概念，自从用________来研究化学，化学才真正成为一门科学。19 世纪后期，门捷列夫发现________；德国化学家李比希和维勒建立起________的基础；物理学中的热力学理论推动了________的诞生。这些都使化学有了巨大的发展。

4. 19 世纪末，________________三项重大发现让我们了解了__________的内部结构，提出了科学上的新概念和新理论，化学也进入了现代化学的发展时期。

5. 人们的衣、食、住、行越来越离不开化学。在服装上，大量的__________代替了天然纤维，同时，在色彩上使用各种化学颜料，使现代服装更加美丽。现代食品中使用了各种添加剂、防腐剂、调味剂……也常常添加________和多种________，使食品的色、香、味和营养都更加丰富。现代建筑离不开水泥、钢筋、玻璃、涂料和一些____________，人们出行的交通工具如汽车、火车、飞机、轮船等，更离不开化学材料和燃料。

6. 化学对________________等很多其他学科都有重大贡献。

四、将适当的词语连接在一起。

建立	概念	影响	理论
产生	基础	添加	生活
提出	材料	使用	添加剂
提供	学科	形成	维生素

课文三　拓展阅读 1

lǜ sè huà xué
绿色化学

zài guò qù de duō nián lǐ huà xué zuò wéi yī mén shí
在过去的100多年里，化学作为一门实
yòng chuàng zào xìng de kē xué wèi rén lèi de wén míng jìn
用、创造性的科学，为人类的文明进
bù zuò chū le jù dà de gòng xiàn dàn shì zhì zào hé shǐ yòng
步做出了巨大的贡献。但是，制造和使用
huà xué pǐn duì rén lèi jiàn kāng hé shēng tài huán jìng yě zào
化学品，对人类健康和生态环境也造
chéng le bù liáng yǐng xiǎng zhǔ yào biǎo xiàn wéi zī yuán de
成了不良影响，主要表现为资源的
làng fèi hé huán jìng de wū rǎn rén lèi zhèng miàn lín zhe zī
浪费和环境的污染。人类正面临着资
yuán duǎn quē néng yuán wēi jī dà qì wū rǎn hǎi yáng wū
源短缺、能源危机、大气污染、海洋污
rǎn dàn shuǐ zī yuán duǎn quē hé shuǐ wū rǎn tǔ dì shā mò
染、淡水资源短缺和水污染、土地沙漠
huà děng duō gè zhòng dà huán jìng wèn tí qí zhōng de dà bù
化等多个重大环境问题。其中的大部
fen wèn tí zhí jiē huò jiān jiē lái yuán yú huà xué gōng yè hé
分问题直接或间接来源于化学工业和
huà xué chǎn pǐn de yìng yòng dāng rán zhè jué duì bù shì huà
化学产品的应用。当然，这绝对不是化
xué xué kē běn shēn de zuì dàn jiě jué zhè xiē wèn tí shì huà
学学科本身的罪，但解决这些问题是化
xué jiā huà xué xué kē de zé rèn yào cóng gēn běn shàng zhì
学家、化学学科的责任。要从根本上治
lǐ huán jìng wèn tí jiù bì xū chàng dǎo lǜ sè huà xué
理环境问题，就必须倡导绿色化学。

lǜ sè huà xué yòu chēng wú hài huà xué
绿色化学（green chemistry）又称无害化学
huán jìng yǒu hǎo huà xué
（environmentally benign chemistry）、环境友好化学
qīng jié huà xué
（environmentally friendly chemistry）、清洁化学（clean chemistry）。

lǜ sè huà xué yǔ huán jìng zhì lǐ bù tóng huán jìng zhì
绿色化学与环境治理不同。环境治
lǐ shì zhǐ duì yǐ jīng bèi wū rǎn de huán jìng jìn xíng zhì lǐ
理是指对已经被污染的环境进行治理，
shǐ huán jìng huī fù dào bèi wū rǎn qián de yàng zi lǜ sè huà
使环境恢复到被污染前的样子；绿色化
xué shì cóng yuán tóu shàng zǔ zhǐ wū rǎn wù de shēng chéng
学是从源头上阻止污染物的生成，
shì zhǐ zài huà gōng shēng chǎn guò chéng zhōng jìn kě néng méi
是指在化工生产过程中尽可能没
yǒu wū rǎn wù de shǐ yòng shēng chéng hé pái fàng yǒu xiào
有污染物的使用、生成和排放，有效
lì yòng yuán liào hé zī yuán
利用原料和资源。

lǜ sè huà xué de yán jiū shè jí huà xué fǎn yìng huà
绿色化学的研究涉及化学反应（化
gōng shēng chǎn guò chéng de sì gè jī běn yào sù
工生产）过程的四个基本要素：

táo tài yǒu dú de yuán liào
（1）淘汰有毒的原料。

xuǎn zé zuì jiā de fǎn yìng shēng chǎn tiáo jiàn
（2）选择最佳的反应（生产）条件，
bāo kuò wēn dù yā lì shí jiān jiè zhì wù liào píng héng
包括温度、压力、时间、介质、物料平衡
děng yǐ shí xiàn zuì dà xiàn dù de jié néng yǔ líng pái fàng
等，以实现最大限度的节能与零排放。

yán jiū zuì jiā de zhuǎn huàn fǎn yìng hé liáng xìng xún huán
（3）研究最佳的转换反应和良性循环。

shè jì duì rén lèi jiàn kāng hé huán jìng gèng jiā ān quán de zuì zhōng chǎn pǐn
（4）设计对人类健康和环境更加安全的最终产品。

zī liào lái yuán bǎi dù bǎi kē
（资料来源：百度百科）

gēn jù wén zhāng huí dá wèn tí
根据文章回答问题

shén me shì lǜ sè huà xué
1. 什么是绿色化学？

huà xué gōng yè hé huà xué chǎn pǐn shǐ rén lèi miàn lín nǎ xiē zhòng dà huán jìng wèn tí
2. 化学工业和化学产品使人类面临哪些重大环境问题？

lǜ sè huà xué hé huán jìng zhì lǐ shì yī yàng de ma
3. 绿色化学和环境治理是一样的吗？

lǜ sè huà xué bāo hán de sì gè jī běn yào sù shì shén me
4. 绿色化学包含的四个基本要素是什么？

课文四 拓展阅读 2

zhōng guó gǔ dài huà xué de chéng jiù
中国古代化学的成就

zhōng guó shì shì jiè zuì zǎo de wén míng fā dá guó jiā
中国是世界最早的文明发达国家。

zhōng guó gǔ dài huà xué yě qǔ dé le xiāng dāng huī huáng de
中国古代化学也取得了相当辉煌的
chéng jiù qí shuǐ píng yuǎn yuǎn chāo guò le dāng shí shì jiè qí
成就，其水平远远超过了当时世界其
tā dì qū hé guó jiā zhù míng kē xué shǐ jiā lǐ yuē sè jiù shuō
他地区和国家。著名科学史家李约瑟就说
guò zhōng guó shì zhěng gè huà xué zuì zhòng yào de gēn yuán
过，中国是“整个化学最重要的根源”，
huà xué shì dì dì dào dào cóng zhōng guó chuán chū qù de
“化学是地地道道从中国传出去的”。

zhōng guó gǔ dài huà xué de zhǔ yào chéng jiù biǎo xiàn zài
中国古代化学的主要成就表现在
yǐ xià jǐ gè fāng miàn
以下几个方面。

fā míng le jīng měi de táo cí jì shù
1. 发明了精美的陶瓷技术

zhōng guó zǎo zài yuē yī wàn nián qián de xīn shí qì shí
中国早在约一万年前的新石器时
dài jiù yǐ jīng fā míng le yuán shǐ de zhì táo shù chéng wéi
代就已经发明了原始的制陶术，成为
shì jiè shàng zuì zǎo néng gòu zhì táo de guó jiā zhī yī zài jù
世界上最早能够制陶的国家之一。在距
jīn wǔ liù qiān nián yǐ qián zài jīn hé nán dì qū jiù chū xiàn le
今五六千年以前，在今河南地区就出现了
jù yǒu hóng hēi tú shì de cǎi táo zhì pǐn yuē sì qiān
具有红、黑图饰的“彩陶”制品。约四千
wǔ bǎi nián qián zhōng guó kāi shǐ yòng jiào chún jìng hé jīng xì
五百年前，中国开始用较纯净和精细
de cí tǔ qǔ dài cū cāo de táo tǔ wéi yuán liào zhì tāi hé guà
的瓷土取代粗糙的陶土为原料，制胎和挂
yòu bìng yǐ gāo wēn duàn shāo zhì chū le shì jiè zuì zǎo de
釉，并以高温煅烧制出了世界最早的

yuán shǐ cí qì dào le hàn dài zhōng guó yǐ néng zào chū jīng
原始瓷器。到了汉代，中国已能造出精
xì de qīng cí cǐ hòu míng yáo bèi chū cí qì yuǎn xiāo guó
细的青瓷。此后，名窑辈出，瓷器远销国
wài cí yǐ jīng chéng le zhōng guó de dài míng cí
外。“瓷”已经成了“中国”的代名词。

zhǎng wò le chāo qún de yě jīn jì shù
2. 掌握了超群的冶金技术

qīng tóng yě liàn zǎo zài gōng yuán qián shì jì de
（1）青铜冶炼。早在公元前14世纪的
shāng dài zhōng guó jiù zhì chū le zào xíng jí qí fù zá jīng
商代，中国就制出了造型极其复杂、精
qiǎo de qīng tóng qì zài zhàn guó zhì hàn dài chéng shū de
巧的青铜器。在战国至汉代成书的
kǎo gōng jì zhōng hái tí chū le yǐ liù zhǒng bù tóng de
《考工记》中，还提出了以六种不同的
tóng xī pèi bǐ yě liàn bù tóng xìng néng de qīng tóng de liù
铜锡配比冶炼不同性能的青铜的“六
qí guī zé chéng wéi shì jiè shàng zuì zǎo zǒng jié qīng tóng
齐”规则，成为世界上最早总结青铜
yě liàn guī lǜ de guó jiā
冶炼规律的国家。

zhù tiě yě liàn zhōng guó zhù tiě de fā míng chū xiàn
（2）铸铁冶炼。中国铸铁的发明出现
zài gōng yuán qián shì jì cóng kuài tiě dào zhù tiě fā míng
在公元前5世纪，从块铁到铸铁发明
de guò dù zhǐ yòng le yuē yī gè shì jì de shí jiān ér ōu zhōu
的过渡只用了约一个世纪的时间，而欧洲
zé zǒu guò le jìn sān qiān nián de màn cháng lù chéng chí zhì
则走过了近三千年的漫长路程，迟至
gōng yuán shì jì cái zhǎng wò gāi jì shù yīng guó zhù míng
公元15世纪才掌握该技术。英国著名
kē xué shǐ jiā bèi ěr nà shuō zhōng guó gǔ dài liàn tiě jì shù
科学史家贝尔纳说，中国古代炼铁技术

fā zhǎn de rú cǐ xùn sù shì shì jiè liàn tiě shǐ shàng de wéi
发展得如此迅速，是世界炼铁史上的唯
yī lì wài
一例外。

shǒu chuàng zào zhǐ shù
3. 首创造纸术

zhōng guó shì shì jiè shàng zuì zǎo fā míng zào zhǐ shù de
中国是世界上最早发明造纸术的
guó jiā zǎo zài xī hàn shí dài jiù yǐ jīng chū xiàn le yòng huà
国家。早在西汉时代就已经出现了用化
xué hé jī xiè fāng fǎ chǔ lǐ má lèi zhí wù xiān wéi de yuán shǐ
学和机械方法处理麻类植物纤维的原始
zào zhǐ shù gōng yuán nián dōng hàn de cài lún fā míng
造纸术。公元105年，东汉的蔡伦发明
le yī tào wán zhěng de zào zhǐ fāng fǎ shǐ zào zhǐ shù dé yǐ
了一套完整的造纸方法，使造纸术得以
guǎng wéi yìng yòng gōng yuán nián zhōng guó zào zhǐ shù
广为应用。公元751年，中国造纸术
chuán dào zhōng yà shì jì chuán dào fēi zhōu shì jì zài
传到中亚，10世纪传到非洲，11世纪再
chuán dào ōu zhōu shì jì yòu chuán dào měi zhōu zài quán
传到欧洲，17世纪又传到美洲，在全
shì jiè dé yǐ tuī guǎng duì rén lèi wén míng de jiàn shè hé fā
世界得以推广，对人类文明的建设和发
zhǎn chǎn shēng le nán yǐ gū liang de jù dà zuò yòng
展产生了难以估量的巨大作用。

tí chū le shēn suì de wù zhì lǐ lùn
4. 提出了深邃的物质理论

zhōng guó gǔ dài hěn zǎo jiù tí chū le yī xì liè shēn suì
中国古代很早就提出了一系列深邃
de wù zhì lǐ lùn rú yīn yáng shuō wǔ xíng shuō yīn yáng wǔ
的物质理论，如阴阳说、五行说、阴阳五

xíng shuō duān shuō děng yǐ jiě shì wàn wù de zǔ chéng jié
行说、端说等，以解释万物的组成、结
gòu hé biàn huà
构和变化。

gōng yuán qián shì jì de chūn qiū mò qī zhōng guó yǐ
公元前5世纪的春秋末期，中国已
yǒu wén zì jì zǎi rèn wéi wàn wù shì yóu jīn mù shuǐ huǒ
有文字记载认为万物是由金、木、水、火、
tǔ wǔ zhǒng jī běn wù zhì suǒ gòu chéng wú lùn shì gǔ xī là
土五种基本物质所构成。无论是古希腊
de shuǐ huǒ qì tǔ sì yuán shuō hái shì gǔ yìn dù
的水、火、气、土“四元说”，还是古印度
de dì shuǐ huǒ fēng sì yuán shuō dōu méi yǒu tí
的地、水、火、风“四元说”，都没有提
dào zhōng guó wǔ xíng shuō zhōng de jīn hé mù zhè
到中国五行说中的“金”和“木”这
liǎng zhǒng gèng jù yǒu dài biǎo xìng de yuán sù zhè fǎn
两种更具有代表性的“元素”。这反
yìng le zhōng guó gǔ dài suǒ jù yǒu de jiào wéi xiān jìn de yě
映了中国古代所具有的较为先进的冶
jīn yè shǒu gōng yè hé nóng yè de shuǐ píng
金业、手工业和农业的水平。

ér gōng yuán shì jì dōng hàn shí qī de wáng chōng
而公元1世纪东汉时期的王充（27—
yuē jiù yǐ shēn kè de chǎn fā le wù zhì bù miè de sī
约97）就已深刻地阐发了物质不灭的思
xiǎng chéng shū yú gōng yuán shì jì xī jìn de liè zǐ
想。成书于公元3世纪西晋的《列子》
zé gèng shēn kè zhǐ chū wù sǔn yú bǐ zhě yíng yú cǐ
则更深刻指出“物损于彼者，盈于此；
chéng yú cǐ zhě kuī yú bǐ wǎng lái xiāng jiē jiān bù kě
成于此者，亏于彼”“往来相接，间不可
shěng jiǎn shǎo zhè duàn míng què de wù zhì shǒu héng
省（减少）”。这段明确的物质守恒

sī xiǎng yǐ tóng shì jì é guó huà xué jiā luó méng nuò suǒ
思想已同18世纪俄国化学家罗蒙诺索
fū de yǒu guān lùn shù shí fēn jiē jìn rán ér zài shí jiān shàng
夫的有关论述十分接近，然而在时间上
què yào zǎo yī qiān duō nián
却要早一千多年。

chǎn shēng le shì jiè zuì zǎo de liàn jīn shù
5. 产生了世界最早的炼金术

zhōng guó shì shì jiè shàng zuì zǎo cóng shì liàn jīn huò liàn
中国是世界上最早从事炼金或炼
dān huó dòng de guó jiā zhōng guó zài shāng cháo shí qī jiù yǐ
丹活动的国家，中国在商朝时期就已
jīng chū xiàn le jiǎn dān de liàn jīn shù dào gōng yuán qián
经出现了简单的炼金术，到公元前2
shì jì de xī hàn shí dài yǐ jīng xiāng dāng shèng xíng ér xī
世纪的西汉时代已经相当盛行。而西
fāng zhí dào gōng yuán shì jì cái zài āi jí chū xiàn cǐ wài
方直到公元1世纪才在埃及出现。此外，
gōng yuán shì jì dōng hàn liàn dān jiā wèi bó yáng suǒ zhù
公元2世纪东汉炼丹家魏伯阳所著
zhōu yì cān tóng qì shì xiàn jīn shì jiè shàng cún zài de
《周易参同契》，是现今世界上存在的
zuì gǔ lǎo de liàn dān zhù zuò
最古老的炼丹著作。

liàn jīn shù shí jì shàng shì gǔ dài wù zhì lǐ lùn hé gǔ dài
炼金术实际上是古代物质理论和古代
huà xué gōng yì zhī shí xiāng jié hé ér xíng chéng de lèi huà
化学工艺知识相结合而形成的"类化
xué shí yàn huó dòng nèi hán xiāng dāng fēng fù de huà xué
学实验"活动，内含相当丰富的化学
zhī shí shì jìn dài kē xué huà xué chǎn shēng de qián qū huò
知识，是近代科学化学产生的前驱或
jī chǔ xiàn dài de huà xué yī cí jiù shì yóu
基础，现代的"化学"(chemistry)一词就是由

liàn jīn shù yī cí yǎn huà ér lái gōng yuán shì
“炼金术”(alchemy)一词演化而来。公元7世
jì zhōng guó liàn dān shù xī chuán zhì ā lā bó shì jì kāi
纪，中国炼丹术西传至阿拉伯，8世纪开
shǐ chuán rù ōu zhōu bìng tóng xī fāng liàn jīn shù jié hé zài
始传入欧洲，并同西方炼金术结合在
yī qǐ zhú bù fā zhǎn chéng wéi jìn dài huà xué yīn cǐ kě yǐ
一起逐步发展成为近代化学。因此可以
shuō zhōng guó bù jǐn shì liàn jīn shù de fā yuán dì ér qiě
说，中国不仅是炼金术的发源地，而且
yě shì zhěng gè huà xué de fā yuán dì
也是整个化学的发源地。

fā míng le huǒ yào rén lèi shǒu cì shí xiàn de rén gōng huà xué bào zhà
6. 发明了火药——人类首次实现的人工化学爆炸

zhōng guó liàn dān jiā zuì chí zài gōng yuán shì jì de
中国炼丹家最迟在公元8世纪的
táng dài jiù fā míng le huǒ yào shǒu cì shí xiàn le rén gōng
唐代就发明了火药，首次实现了人工
huà xué bào zhà zài huò shì jì chéng shū de zhēn yuán
化学爆炸。在8或9世纪成书的《真元
miào dào yào lüè zhōng yǐ jīng míng què xiě dào yǒu yǐ
妙道要略》中已经明确写道：“有以
liú huáng xióng huáng hé xiāo shí bìng mì shāo zhī yàn qǐ
硫黄、雄黄合硝石并密烧之，焰起，
shāo shǒu miàn jí jìn wū shè zhě zhè kě néng shì rén lèi
烧手面及烬屋舍者。”这可能是人类
guān yú huǒ yào de zuì zǎo jì zǎi
关于火药的最早记载。

zhōng guó bù jǐn shǒu xiān fā míng le huǒ yào ér qiě yě
中国不仅首先发明了火药，而且也

shǒu xiān bǎ huǒ yào yòng yú jūn shì gōng yuán nián yǐ zhì
首先把火药用于军事，公元970年已制
chū gōng huǒ jiàn chéng wéi zǎo qī de huǒ qì gōng yuán
出“弓火箭”，成为早期的火器。公元
shì jì de wǔ jīng zǒng yào zhōng yǐ jīng jì zǎi le sān
11世纪的《武经总要》中已经记载了三
zhǒng huǒ qì suǒ yòng huǒ yào de pèi fāng zhè shì shì jiè
种火器所用火药的配方，这是世界
shàng xiàn cún zuì zǎo de jūn yòng huǒ yào pèi fāng
上现存最早的军用火药配方。

zuì zǎo fā xiàn hé kāi cǎi le shí yóu
7. 最早发现和开采了石油

shì jiè shàng zuì zǎo fā xiàn de shí yóu shì zài zhōng guó
世界上最早发现的石油是在中国
xiàn jīn shǎn xī shěng yán ān dì qū de yán hé liú yù dōng hàn
现今陕西省延安地区的延河流域。东汉
bān gù suǒ zhù hàn shū dì lǐ zhì zhōng shōu
班固（32—92）所著《汉书·地理志》中收
lù le zhè yī tiáo duì shí yóu zuì zǎo de jì zǎi ér shì jiè
录了这一条对石油最早的记载。而世界
shàng dì yī gè wèi shí yóu mìng míng de rén shì běi sòng dà
上第一个为石油命名的人，是北宋大
kē xué jiā shěn kuò tā zài nián dào yán hé liú yù kǎo chá
科学家沈括，他在1080年到延河流域考察
hòu dì yī cì zōng hé le kě rán shuǐ féi shí qī
后，第一次综合了“可燃水”“肥”“石漆”
shí là shuǐ děng míng chēng tí chū le shí yóu zhè
“石蜡水”等名称，提出了“石油”这
gè kē xué de mìng míng zhōng guó hái shì kāi cǎi shí yóu zuì
个科学的命名。中国还是开采石油最
zǎo de guó jiā nián qián yán cháng xiàn jiù yǒu shí yóu
早的国家，1303年前，延长县就有石油
jǐng de cún zài
井的存在。

第十二单元

课文一　元素周期表

元素周期表是俄国化学家门捷列夫发明的，这张表告诉了我们物质世界的秘密。在这张表里，一些看来没有关系的元素组成了一个完整的自然**体系**。1869 年，俄国化学家门捷列夫按照**相对原子质量**从小到大排列，把化学性质近似的元素放在同一竖行，画出了第一张元素周期表，但是还有一些未知的元素没有放进去。

随着科学的发展，元素周期表中很多未知的元素先后都填了上去。按照元素在周期表中的顺序给元素编号，得到了**原子序数**。原子序数跟元素的原子结构有关系：**质子数** = 原子序数 = **核外电子数** = **核电荷数**。

利用周期表，门捷列夫成功**预测**出了当时没有发现的元素的**特性**（**镓**、**钪**、**锗**）。1913 年，英国科学家莫色勒利用**阴极**射线**撞击金属**产生 X 射线，发现原子序数越大，X 射线的**频率**就越高，因此他认为**核**的正电荷决定了元素的化学性质，并把元素**依照**核内正电荷（即质子数或原子序数）排列。后来很多科学家不断修改这个表，形成了现在的元素周期表。

元素周期表中共有 118 种元素。把元素按照相对原子质量由小到大依次排列，把化学性质近似的元素放在一个竖行，每一种元素有一个序号，大小正好等于这个元素原子的**核内质子数**，这个序号叫原子序数。在周期表中，根据元素的原子序数排列，最小的排在最前。表中一横行称作一个周期，一竖行称作一个**族**。

元素在周期表中的位置不但告诉了我们元素的原子结构，也显示了元素性质的**递变**规律和元素之间的内在联系，其发明是近代化学史上的伟大事件。

（资料来源：百度百科）

生词

体系	tǐxì	system
相对原子质量	xiāngduì yuánzǐ zhìliàng	relative atomic mass
原子序数	yuánzǐ xùshù	atomic number
质子数	zhìzǐshù	proton number
核外电子数	héwài diànzǐshù	extranuclear electron numeber
核电荷数	hédiàn hèshù	nuclear charge number
预测	yùcè	predict
特性	tèxìng	characteristic
阴极	yīnjí	cathode
撞击	zhuàngjī	impact
金属	jīnshǔ	metal
频率	pínlǜ	frequency
核	hé	nucleus

依照	yīzhào	according to
核内质子数	hénèi zhìzǐshù	intranuclear proton number
族	zú	family
递变	dìbiàn	regularity
镓	jiā	gallium(Ga)
钪	kàng	scandium(Sc)
锗	zhě	germanium (Ge)

课文二　二氧化碳

二氧化碳是一种在常温下没有颜色、没有味道的气体。化学式是 CO_2，是一种**碳氧化物**。它的密度比空气大一点，可以溶于水，1 体积 H_2O 可**溶解** 1 体积 CO_2，生成**碳酸**。**固态**的二氧化碳也叫干冰，**升华**时可以**吸收**很多热，所以它可以用作**制冷剂**，比如人工降雨，还有表演节目的时候用来制作**烟雾**。

二氧化碳是绿色植物**光合作用**必需的原料，**温室**中常用二氧化碳做**肥料**。光合作用的总反应是：$CO_2+H_2O \xrightarrow[\text{叶绿体}]{\text{光照}} C_6H_{12}O_6 + O_2$；分反应是：$2H_2O \xrightarrow{\text{光照}}$ 光照 $\rightarrow 2H_2\uparrow + O_2\uparrow$（水的**光解**），$NADP^+ + 2e^- + H^+ \longrightarrow NADPH$（递氢），$ADP + Pi \longrightarrow ATP$（递能），$CO_2+C_5$ **化合物** $\longrightarrow C_3$ 化合物（二氧化碳的固定），C_3 化合物 $\xrightarrow{\text{ATP、NADPH}} (CH_2O)n + C_5$ 化合物（有机物的生成）。

二氧化碳还可以用来制作**金刚石**，它反应的化学**方程式**为 $4Na+CO_2 = 2Na_2O+C$，反应的条件是 440 °C 和 8×10^7Pa，在这样的条件下，二氧化碳会变成**超流体**，能够**吸附**在钠的表面，加速电子从钠传递到二氧化碳的过程。当温度降低到 400 °C 时，就没有金刚石产生了，当压力下降时，生成物就变成了石墨。

空气中一般含有约 0.03%二氧化碳。实验证明，在 CO_2 很多的环境下，植物会生长得更快、更高。现在工厂增加，汽车增加，空气中的二氧化碳越来越多。全球变暖、冰川融化、海平面升高，这些都影响了**大气环流**，改变了全球的雨量分布，也改变了地球表面**土壤**的含水量，最后会对人类造成很坏的影响。

（资料来源：百度百科）

生词

碳氧化物	tànyǎnghuàwù	oxycarbide
溶解	róngjiě	dissolve
碳酸	tànsuān	carbonic acid
固态	gùtài	solid state
升华	shēnghuá	sublimate
吸收	xīshōu	absorb
制冷剂	zhìlěngjì	cryogen
烟雾	yānwù	smog
光合作用	guānghé zuòyòng	photosynthesis
温室	wēnshì	greenhouse
肥料	féiliào	fertilizer
光解	guāngjiě	photodecomposition
化合物	huàhéwù	compound

金刚石	jīngāngshí	diamond
方程式	fāngchéngshì	equation
超流体	chāoliútǐ	superfluid
吸附	xīfù	adsorb
大气环流	dàqì huánliú	atmospheric circulation
土壤	tǔrǎng	soil
钠	nà	sodium (Na)

练习

一、根据拼音写词语。

yuánzǐxùshù	yùcè	xìngzhì	yīzhào
(　　　　)	(　　)	(　　)	(　　)
jīnshǔ	pínlǜ	tànyǎnghuàwù	mìdù
(　　)	(　　)	(　　　　)	(　　)
róngjiě	gùtài	gānbīng	xīshōu
(　　)	(　　)	(　　)	(　　)
yānwù	wēnshì	guānghé-zuòyòng	féiliào
(　　)	(　　)	(　　　　)	(　　)
huàhéwù	fāngchéngshì	dàqì huánliú	tǔrǎng
(　　)	(　　　　)	(　　　　)	(　　)

二、根据课文判断正误。

1. 完整的自然体系由元素周期表中看来没有关系的元素组成。(　　)

2. 质子数跟元素的原子结构没有关系。(　　)

3. X 射线的频率越高，原子序数就越小。(　　)

4. 原子序数等于元素原子的核内质子数。(　　)

5. 固态的二氧化碳可以用于人工降雨，密度比空气小。(　　)

6. 440 °C 和 8×10^{-1}Pa 时二氧化碳可用来做金刚石。(　　)

7. 实验证明，在 CO_2 很多的环境下，植物会生长得更快、更高。所以，空气中二氧化碳越多越好。(　　)

三、根据课文填空。

1. 元素周期表是＿＿＿＿＿国化学家＿＿＿＿＿＿＿＿＿＿发明的，这张表告诉了我们物质世界的秘密。

2. 按照元素在周期表中的顺序给元素编号，得到了＿＿＿＿。这个序数跟元素的原子结构有关系：＿＿＿＿＿＿＝＿＿＿＿＿＿＿＝＿＿＿＿＿＿＝＿＿＿＿＿＿＿。

3. 元素周期表中共有＿＿＿＿＿＿＿种元素。把元素按照相对原子质量＿＿＿＿＿＿＿＿＿＿＿＿依次排列，然后把化学性质差不多的元素放在一个竖行。每一种元素都有一个序号，大小正好等于这个元素原子的＿＿＿＿＿＿＿＿＿＿＿＿＿＿＿＿，这个序号叫原子序数。在周期表中，根据元素的原子序数排列，最小的排在最前。表中一横行叫一个＿＿＿＿＿，一竖行叫一个＿＿＿＿＿＿＿＿。

4. 二氧化碳是一种在常温下＿＿＿＿＿＿＿、＿＿＿＿＿＿的气体。化学式是 CO_2，是一种碳氧化物。

5. 固态的二氧化碳也叫＿＿＿＿＿＿＿，＿＿＿＿＿＿＿＿时可以吸收很多热，所以它可以用作＿＿＿＿＿＿＿＿＿＿，比如人工降雨，还有表演节目的时候用来制作＿＿＿＿＿＿＿＿＿＿。

6. 空气中一般含有约________________二氧化碳。实验证明，在 CO_2 很多的环境下，植物会生长得更快、更高。但是，因为现在工厂增加、汽车增加，空气中的二氧化碳越来越多。____________、____________、__________，这些都影响了大气环流，改变了全球的雨量分布。

四、将适当的词语连接在一起。

原子	天气	吸收	方程式
心跳	排列	全球	营养
预测	频率	人工	变暖
依次	结构	化学	降雨

课文三　拓展阅读 1

huà xué shí yàn cháng yòng de yí qì
化学实验常用的仪器

wǒ men jiè shào jǐ zhǒng zuò huà xué shí yàn shí cháng yòng de yí qì
我们介绍几种做化学实验时常用的仪器。

liáng tǒng
1. 量筒

liáng tǒng shì yǒu yī dìng liáng chéng de liáng qì cháng
量筒是有一定量程的量器，常

cháng zài shí shǐ yòng dú shù shí shì xiàn yǔ liáng
常在 20 ~ 25 °C 时使用。读数时视线与量

tǒng nèi āo yè miàn de zuì dī chù bǎo chí shuǐ píng tā néng
筒内凹液面的最低处保持水平。它能

jīng què dào
精确到 0.1 mL。

wēn dù jì
2. 温度计

wēn dù jì shì yòng lái cè liáng wēn dù de yí qì
温度计是用来测量温度的仪器。

yòng wēn dù jì cè liáng yè tǐ wēn dù shí yào zhù yì sān diǎn
用温度计测量液体温度时，要注意三点：

dì yī wēn dù jì de bō li pào quán bù fàng jìn yào cè liáng
第一，温度计的玻璃泡全部放进要测量

de yè tǐ zhōng bù yào jiē chù róng qì dǐ huò róng qì bì
的液体中，不要接触容器底或容器壁。

dì èr wēn dù jì de bō li pào fàng jìn yè tǐ hòu yào děng
第二，温度计的玻璃泡放进液体后要等

yī huì ér děng wēn dù jì de dú shù wěn dìng hòu zài dú
一会儿，等温度计的读数稳定后再读。

dì sān dú shù shí bō li pào yào jì xù liú zài yè tǐ
第三，读数时玻璃泡要继续留在液体

zhōng shì xiàn gēn wēn dù jì zhōng yè zhù de shàng biǎo miàn
中，视线跟温度计中液柱的上表面

xiāng píng
相平。

shāo bēi
3. 烧杯

shāo bēi zhǔ yào dāng zuò cháng wēn xià yè tǐ zhī jiān fǎn
烧杯主要当作常温下液体之间反

yìng de róng qì yè tǐ bù néng chāo guò shāo bēi róng jī de
应的容器。液体不能超过烧杯容积的

sān fēn zhī èr rú guǒ zuò jiā rè shí yè tǐ zhī jiān gù tǐ hé
三分之二。如果做加热时液体之间、固体和
yè tǐ zhī jiān fǎn yìng de róng qì yè tǐ liàng bù dé chāo guò
液体之间反应的容器，液体量不得超过
shāo bēi róng qì de èr fēn zhī yī
烧杯容器的二分之一。

zhēng fā mǐn
4. 蒸发皿

zhēng fā mǐn shì yī zhǒng shòu rè róng qì cháng yòng yú
蒸发皿是一种受热容器，常用于
zhēng fā huò nóng suō róng yè yě kě yǐ yòng yú gān zào gù
蒸发或浓缩溶液，也可以用于干燥固
tǐ rè de zhēng fā mǐn bì xū yòng qián zi ná fàng bù néng
体。热的蒸发皿必须用钳子拿、放，不能
zhí jiē fàng zài shí yàn tái shàng huì tàng huài shí yàn tái rú
直接放在实验台上，会烫坏实验台，如
guǒ yī dìng yào fàng bì xū diàn shàng shí mián wǎng
果一定要放，必须垫上石棉网。

lòu dǒu
5. 漏斗

lòu dǒu de zhǒng lèi hěn duō kě yǐ fēn wéi sān jiǎo lòu
漏斗的种类很多，可以分为三角漏
dǒu fēn yè lòu dǒu cháng jǐng lòu dǒu ān quán lòu dǒu xī
斗、分液漏斗、长颈漏斗、安全漏斗、吸
lǜ lòu dǒu děng wǒ men zuì cháng jiàn de lòu dǒu shì sān jiǎo
滤漏斗等。我们最常见的漏斗是三角
lòu dǒu tā de zhǔ yào yòng tú yǒu liǎng gè fāng miàn yī shì
漏斗，它的主要用途有两个方面：一是
xiàng xì kǒu róng qì lǐ jiā zhù yè tǐ bǐ rú xiàng jiǔ jīng
向细口容器里加注液体（比如向酒精
dēng lǐ tiān jiā jiǔ jīng huò zhě qì tǐ èr shì gēn lǜ zhǐ zài
灯里添加酒精）或者气体，二是跟滤纸在

yī qǐ yòng yú guò lǜ
一起用于过滤。

bō li bàng
6. 玻璃棒

bō li bàng yòng yú jiǎo bàn yè tǐ yǐn liú zhān qǔ yè tǐ děng cāo zuò bù guǎn yòng zài shén me dì fāng dōu yào zhù yì yī dìng yào suí shí qīng xǐ ér qiě bù yào pèng dào róng qì de bì hé dǐ yào qīng ná qīng fàng
玻璃棒用于搅拌液体、引流、沾取液体等操作。不管用在什么地方，都要注意一定要随时清洗，而且不要碰到容器的壁和底，要轻拿轻放。

zī liào lái yuán bǎi dù bǎi kē
（资料来源：百度百科）

gēn jù wén zhāng huí dá wèn tí
根据文章回答问题

shǐ yòng liáng tǒng dú shù shí yīng gāi zěn me zuò
1. 使用量筒读数时应该怎么做？

wēn dù jì de shǐ yòng xū yào zhù yì shén me
2. 温度计的使用需要注意什么？

rú hé shǐ yòng rè zhēng fā mǐn
3. 如何使用热蒸发皿？

lòu dǒu yǒu nǎ xiē zhǒng lèi
4. 漏斗有哪些种类？

bō li bàng de zuò yòng yǒu nǎ xiē
5. 玻璃棒的作用有哪些？

课文四　拓展阅读 2

huà xué fā zhǎn shǐ de wǔ gè shí qī
化学发展史的五个时期

zì cóng yǒu le rén lèi huà xué biàn yǔ rén lèi jié xià le
自从有了人类，化学便与人类结下了
bù jiě zhī yuán zuān mù qǔ huǒ yòng huǒ shāo zhǔ shí wù
不解之缘。钻木取火，用火烧煮食物，
shāo zhì táo qì yě liàn qīng tóng qì hé tiě qì dōu shì huà xué
烧制陶器，冶炼青铜器和铁器，都是化学
jì shù de yìng yòng zhèng shì zhè xiē yìng yòng jí dà de cù
技术的应用。正是这些应用，极大地促
jìn le dāng shí shè huì shēng chǎn lì de fā zhǎn chéng wéi
进了当时社会生产力的发展，成为
rén lèi jìn bù de biāo zhì jīn tiān huà xué zuò wéi yī mén jī
人类进步的标志。今天，化学作为一门基
chǔ xué kē zài kē xué jì shù hé shè huì shēng huó de fāng
础学科，在科学技术和社会生活的方
fāng miàn miàn zhèng qǐ zhe yuè lái yuè dà de zuò yòng
方面面正起着越来越大的作用。

huà xué shǐ dà zhì fēn wéi wǔ gè shí qī
化学史大致分为五个时期。

yuǎn gǔ de gōng yì huà xué shí qī
（1）远古的工艺化学时期。

zhè shí rén lèi de zhì táo yě jīn niàng jiǔ rǎn sè děng
这时人类的制陶、冶金、酿酒、染色等
gōng yì zhǔ yào shì zài shí jiàn jīng yàn de zhí jiē qǐ fā xià
工艺主要是在实践经验的直接启发下
jīng guò duō shǎo wàn nián mō suǒ ér lái de huà xué zhī shí
经过多少万年摸索而来的，化学知识
hái méi yǒu xíng chéng zhè shì huà xué de méng yá shí qī
还没有形成。这是化学的萌芽时期。

liàn dān shù hé yī yào huà xué shí qī
（2）炼丹术和医药化学时期。

cóng gōng yuán qián nián dào gōng yuán nián liàn
从公元前1500年到公元1650年，炼
dān shù shì hé liàn jīn shù shì men zài huáng gōng zài jiào táng
丹术士和炼金术士们在皇宫、在教堂、
zài zì jǐ de jiā lǐ zài shēn shān lǎo lín de yān xūn huǒ liǎo
在自己的家里、在深山老林的烟熏火燎
zhōng wèi qiú dé cháng shēng bù lǎo de xiān dān wèi qiú dé
中，为求得长生不老的仙丹，为求得
róng huá fù guì de huáng jīn kāi shǐ le zuì zǎo de huà xué shí
荣华富贵的黄金，开始了最早的化学实
yàn jì zǎi zǒng jié liàn dān shù de shū jí zài zhōng guó
验。记载、总结炼丹术的书藉，在中国、
ā lā bó āi jí xī là dōu yǒu bù shǎo zhè yī shí qī jī
阿拉伯、埃及、希腊都有不少。这一时期积
lěi le xǔ duō wù zhì jiān de huà xué biàn huà wèi huà xué de
累了许多物质间的化学变化，为化学的
jìn yī bù fā zhǎn zhǔn bèi le fēng fù de sù cái zhè shì huà
进一步发展准备了丰富的素材。这是化
xué shǐ shàng lìng wǒ men jīng tàn de xióng hún de yī mù hòu
学史上令我们惊叹的雄浑的一幕。后
lái liàn dān shù liàn jīn shù jǐ jīng shèng shuāi rén men gèng
来，炼丹术、炼金术几经盛衰，人们更
duō de kàn dào le tā huāng táng de yī miàn huà xué fāng fǎ
多地看到了它荒唐的一面。化学方法
zhuǎn ér zài yī yào hé yě jīn fāng miàn dé dào le zhèng dāng
转而在医药和冶金方面得到了正当
fā huī zài ōu zhōu wén yì fù xīng shí qī rén men chū bǎn le
发挥。在欧洲文艺复兴时期，人们出版了
yī xiē yǒu guān huà xué de shū jí dì yī cì yǒu le huà
一些有关化学的书籍，第一次有了“化
xué zhè gè míng cí yīng yǔ de qǐ yuán yú
学”这个名词。英语的chemistry起源于

jí liàn jīn shù zhì jīn hái bǎo liú zhe zhè liǎng
alchemy，即炼金术。chemist至今还保留着这两

gè xiāng guān de hán yì huà xué jiā hé yào jì shī zhè xiē kě
个相关的含义：化学家和药剂师。这些可

yǐ shuō shì huà xué tuō tāi yú liàn jīn shù hé zhì yào yè de wén
以说是化学脱胎于炼金术和制药业的文

huà yí jì le
化遗迹了。

rán sù huà xué shí qī
（3）燃素化学时期。

cóng nián dào nián suí zhe yě jīn gōng yè hé shí
从1650年到1775年，随着冶金工业和实

yàn shì jīng yàn de jī lěi rén men zǒng jié gǎn xìng zhī shí rèn
验室经验的积累，人们总结感性知识，认

wéi kě rán wù néng gòu rán shāo shì yīn wèi tā hán yǒu rán sù
为可燃物能够燃烧是因为它含有燃素，

rán shāo de guò chéng shì kě rán wù zhōng rán sù fàng chū de
燃烧的过程是可燃物中燃素放出的

guò chéng kě rán wù fàng chū rán sù hòu chéng wéi huī jìn
过程，可燃物放出燃素后成为灰烬。

dìng liàng huà xué shí qī jí jìn dài huà xué shí qī
（4）定量化学时期，即近代化学时期。

nián qián hòu lā wǎ xī yòng dìng liàng huà xué shí
1775年前后，拉瓦锡用定量化学实

yàn chǎn shù le rán shāo de yǎng huà xué shuō kāi chuàng le
验阐述了燃烧的氧化学说，开创了

dìng liàng huà xué shí qī zhè yī shí qī jiàn lì le bù shǎo huà
定量化学时期。这一时期建立了不少化

xué jī běn dìng lǜ tí chū le yuán zǐ xué shuō fā xiàn le
学基本定律，提出了原子学说，发现了

yuán sù zhōu qī lǜ fā zhǎn le yǒu jī jié gòu lǐ lùn suǒ yǒu
元素周期律，发展了有机结构理论。所有

zhè yī qiè dōu wèi xiàn dài huà xué de fā zhǎn diàn dìng le jiān
这一切都为现代化学的发展奠定了坚

shí de jī chǔ
实的基础。

kē xué xiāng hù shèn tòu shí qī jí xiàn dài huà xué
（5）科学相互渗透时期，即现代化学

shí qī
时期。

èr shí shì jì chū liàng zǐ lùn de fā zhǎn shǐ huà xué hé
二十世纪初，量子论的发展使化学和

wù lǐ xué yǒu le gòng tóng de yǔ yán jiě jué le huà xué
物理学有了共同的语言，解决了化学

shàng xǔ duō xuán ér wèi jué de wèn tí lìng yī fāng miàn
上许多悬而未决的问题。另一方面，

huà xué yòu xiàng shēng wù xué hé dì zhì xué děng xué kē shèn
化学又向生物学和地质学等学科渗

tòu shǐ dàn bái zhì méi de jié gòu wèn tí dé dào le zhú bù
透，使蛋白质、酶的结构问题得到了逐步

de jiě jué
的解决。

zī liào lái yuán bǎi dù bǎi kē
（资料来源：百度百科）